I0840051

Greta Thunberg
ou
L'impossible Jeanne d'Arc et
l'apothéose des tartuffes

par Inconnu Soldat (Albert Scientis)

Les éditions des Sans-voix

ISBN : 9798499150887
© Éditions des Sans-Voix, octobre 2021

Avant toutes choses il est intéressant de s'interroger sur la ou les raisons qui nous poussent à écrire un livre. Bien évidemment il y a tous ceux dont c'est le métier, ou une source alimentaire, ou un égocentrisme fort développé, ou un combat à mener, un témoignage, l'envie de faire rêver, partager ses émotions, laisser libre cours à une imagination débridée, par idéologie, se disculper, attaquer. Ces raisons sont multiples. En ce qui concerne ce texte sans doute y a-t-il plusieurs sources d'incitation à cette décision d'écrire. Ces sources se croisent, sont concomitantes ou successives. Il y a d'abord le discours de cette jeune fille, le contexte général qui lui permet d'être audible, le contexte particulier dû à sa personnalité et à sa personne, l'intéressante sociologie qui entoure ce phénomène. Un peu comme un explosif à divers composants, il faut toujours une étincelle qui va déclencher la réaction en chaîne. Parfois ce n'est qu'un détail, une petite chose dont on peut dire dans le langage familier et sympathique qui dit : *c'est ballot, hein ?* Un des messages les plus percutants, directs de Greta Thunberg est simple : *la catastrophe est à notre porte et vous ne faites rien.* Une affirmation péremptoire, définitive, un jugement et une condamnation. Percutant, oui, certes, mais encore ? Alors il m'est souvenu une expression après le premier choc pétrolier dans les années 70, plutôt un slogan : *En France on n'a pas de pétrole, mais on a des idées.* C'était il y a plus de 45 ans, peut-être les parents de Greta Thunberg n'étaient-ils même pas nés (c'est une licence poétique) et on parlait déjà d'économie d'énergie. La raison n'était pas le réchauffement climatique, mais l'augmentation des prix du pétrole. Que la raison fut différente ne change rien au fait que cette notion d'économie d'énergie n'a cessé de concerner, au moins, la France depuis près de 50 ans. Et bien évidemment des périodes de pénuries qui ont entraîné des économies sont innombrables dans l'histoire du monde et de la France. Et pour ceux qui connaissent la cuisine, il y a la fameuse marmite norvégienne. De fait, c'est ce petit slogan qui a impulsé en moi, non l'idée de ce livre, mais sa mise en œuvre. L'affirmation colérique de Greta Thunberg est évidemment fausse, absolument fausse, définitivement et profondément fausse et ce sera facile à démontrer. Mais ce n'est qu'une partie du sujet.

Jean-Paul Sartre, dont on peut dire que les engagements politiques ont été parfois plus que douteux, sinon révoltants au su de l'histoire, a écrit certains textes sans retenue sur des personnes vivantes. Que l'on puisse écrire quelques saloperies sur une personne qui est encore en vie (on a vu de nos jours un certain Moix en faire tout autant), être présenté comme philosophe, est déroutant et sans doute condamnable. Ecrire une biographie d'un personnage marquant de l'histoire, dans quelque domaine que ce soit, est autre chose, sous condition que ce ne soit pas une aversion patente ou une adulation effrénée (l'une et l'autre sans rapport avec les faits). Une biographie a sa place. Un combat d'idée par pamphlets interposés, avec quelques bonnes insultes au coin de la page est encore aussi autre chose. Pourquoi donc ce petit détour par la nausée ou les mots ? Tout simplement parce que Greta Thunberg étant à l'orée de sa vie est devenue la personne à admirer, adorer, ou vilipender ou haïr. Mais qui peut affirmer la connaître ? Qui peut affirmer avoir un jugement juste et sain sur elle ? Puisque son nom est dans le titre de l'ouvrage c'est donc bien d'elle qu'il s'agit. On pourra alors ne traiter que le symbole et la déshumaniser, ou au contraire chercher à la dépouiller de son intimité. S'il était au pouvoir de ce livre de la préserver, il le ferait. Non la préserver parce que je serais d'accord avec elle, mais parce que, malheureusement, elle est aujourd'hui et pour longtemps prise dans un maelström qui pourrait la détruire. Certains pourraient penser que ce ne serait que le juste retour de ses déclarations qu'elle se doit d'assumer et d'en subir les totales conséquences : autant gloire que haine et violence à son encontre. Ce livre voudrait plutôt étudier son discours, le phénomène qui l'entoure que de sonder les profondeurs de ce qu'elle est. Peut-être un moyen serait d'étudier le personnage qu'elle est, l'image qu'elle donne, tout en tentant, sans en connaître les chances de succès, de l'épargner en tant que personne. Certains pourraient rétorquer que si ces discours déclenchent plus de mal, au global, que de bien(s), elle doit en être tenue pour comptable et en être jugée. Peut-être, mais je laisse cela aux historiens et à la justice si jamais elle était compétente dans ce domaine, bien que Greta Thunberg elle-même s'érige en tribunal et condamne.

Cette jeune-fille a déclenché un intérêt mondial hors du commun, un intérêt clivant avec deux camps bien définis : les pour et les contre. Dans chaque camps il y a des gradations les oui-mais et les non-mais, et les extrêmes avec quelques adorateurs du veau d'or prêts à bâtir un temple en son honneur avec au fronton : **elle sauve la terre**, et quelques sicaires qui lui couperaient volontiers le cou, l'éviscéreraient et l'exposeraient en place publique. Il serait facile d'écrire qu'elle ne s'appartient plus, d'autant qu'elle est récupérée par chaque clan. C'est sans doute vrai, mais ce ne sera pas vraiment le propos de ce livre bien qu'au fond, cela pourrait revenir au même. Il sera nécessaire d'aborder le rôle d'Internet, de la puissance de l'idéologie, de l'aveuglement volontaire (à l'instar de *De la servitude volontaire*) ou subi, de la caricature de la réalité, de l'exacerbation des passions dans lesquelles disparaît la raison et meurent les faits.

A son propos une image peut nous venir en tête, celle de ces parents qui rêvent à la place de leurs enfants, en veulent des génies, des sportifs médaillés d'or, des virtuoses. Ces parents, ou l'un des parents, abandonne(nt) tout pour se consacrer à la carrière de leur (ou de son) enfant. On a appris que lors de son voyage en voilier de milliardaire vers les Etats-Unis, son père était présent sur le bateau avec elle. Visiblement les parents de Greta Thunberg suivent de très près ce que l'on peut appeler la carrière internationale de leur fille. Peu de jeunes filles de son âge peuvent se flatter d'être reçues à l'UNESCO, par l'ancien président des Etats-Unis ou à l'Assemblée Nationale en France, pérorer (oui il y a une connotation peu sympathique dans ce verbe) à Davos. Peut-être serait-il intéressant de faire une comparaison avec la jeune Malala qui supporte encore les séquelles d'une balle reçue dans la tête tirée par des Talibans alors qu'elle était dans son car scolaire, cette jeune fille qui ne voulait que, seulement que, toutes les autres jeunes filles de son pays aient accès à l'éducation. Punie pour cela par des fous d'Allah. La comparaison se tient par des carrières internationales similaires, bien que je suppose que Greta Thunberg ait eu un parcours moins douloureux (au moins dans sa chair car peut-être son chemin lui est aussi douloureux) et plus vertigineux encore.

Nous nous devons de prendre un recul nécessaire dans toute étude la concernant car parmi les nombreux écueils qu'elle va rencontrer, parfois avec violence, il y en a deux qui aveuglent et servent de projectiles ou d'encensoir, d'excuses ou de condamnation. Le premier est son âge. Il est difficile de s'extirper des deux possibles a-priori qui concernent l'âge, et surtout la jeunesse. Les uns vont trouver une source d'énergie, de candeur, de vérité ex nihilo car justement jeune, dynamique, non polluée, spontanée et toutes qualités rattachées au jeune âge. Les autres vont se lamenter de son inexpérience, de l'arrogance d'une jeune qui croit savoir en ignorant tout, de son manque de compétence car trop jeune, de son manque de maturité. Un fait proclamé par elle deviendra une vérité absolue pour les uns et une erreur sans fond pour les autres. Le monde d'aujourd'hui - et on y reviendra - laisse de moins en moins de place à la science (bien que Greta Thunberg s'en prévale avec aplomb) et beaucoup plus à l'indignation spontanée et souvent colérique, peu de place au doute, et enfin Internet englue le monde dans des certitudes factices, non en ce quelle ne sont pas des certitudes, mais en ce que le socle qui les soutient est plus labile que le sable mouvant. Les camps se forment, les arguments sont repris bruts sans réflexion et bientôt les insultes remplacent les discussions. Les anathèmes pleuvent et on stigmatise, selon de bonnes techniques trotskistes, son ennemi, parfois avec ce qui n'a rien à voir avec le sujet dont il est question. Les faits sont pris avec le prisme de son idéologie, ou de sa volonté que le monde soit comme on veut qu'il apparaisse et comme on voudrait qu'il devienne. Ce phénomène entraîne des conséquences qui sont à l'opposé des velléités déclarées. Là aussi on y reviendra. Le deuxième écueil, délicat à aborder est le syndrome d'Asperger dont elle serait atteinte. Elle-même en parle. Et à l'heure de la CNIL et du secret médical, en parler peut vous classer dans le camp du mal. Comme pour sa jeunesse, les uns vous l'attaquer sur cette maladie, ou cette particularité qui n'est pas sans conséquences - reste à savoir si les conséquences caractérielles de ce syndrome ont un impact ou non sur cette étude-ci, sur le fond du problème - et les autres vont contrattaquer, traitant au passage de minables ceux qui s'en servent comme massue. Cette défense est inappropriée, ou serait inappropriée, si ce syndrome a ou avait une influence majeure sur son comportement. Il faut donc prendre ces deux écueils : sa jeunesse et son syndrome, pour ce qu'ils sont et tenter de s'en abstraire. S'il est possible. On peut résumer l'attitude à avoir ainsi : si le ciel est bleu ce n'est pas parce que Marine Le Pen (Jean-Luc Mélenchon) le dit que c'est faux et inversement ce n'est pas parce que Marine Le Pen (Jean-Luc Mélenchon) dit quelque chose que c'est vrai.

Qui est donc Greta Thunberg ? Elle est devenue si célèbre rapidement qu'elle a droit à sa page Wikipedia, règne du meilleur et du pire, lieu de combat homérique entre contributeurs, et même lieu d'influence et de désinformation. Elle a même droit à *Gala*. C'est dire. Je ne me moque pas vraiment, par là je veux constater que son influence est importante. Avant sa grande notoriété, il est bon aussi de noter qu'elle a eu droit à une biographie par ses parents, sa sœur et elle-même. Ce fait, en soi, n'est pas anodin. Pour la situer, voici des informations succinctes prises à *Gala*.

Comme dit précédemment, il ne s'agit nullement là de moquerie, mais plutôt de montrer, et démontrer peut-être, que Greta Thunberg est un tel phénomène que même la presse, disons, frivole, du royaume des paillettes et des rumeurs, s'est intéressée à elle. Et finalement cela change de se référer toujours à Wikipedia, sorte de Janus d'Internet qui rend des services, mais qui est aussi ce lieu de combat de la désinformation qui fait prendre chacune de ses lignes, pour parole d'Evangile quand pourtant ce ne sont parfois que des théories ou de fausses informations.

Greta Thunberg est donc née en Suède, à Stockholm, le vendredi 3 janvier 2003 (signe Capricorne nous dit *Gala*, remarquez, même sans *Gala* on aurait pu trouver que le début du mois de janvier est sous le signe du Capricorne). « Elle est la fille de Malena Ernman, une chanteuse d'opéra et de Svante Thunberg, un acteur de cinéma. Greta Thunberg a une sœur, Beata. Greta Thunberg est atteinte du syndrome Asperger, une forme d'autisme sans déficience intellectuelle. »

Avant de développer le décalage abyssal qu'il y a entre les échos de ses paroles et leur efficience réelle, il y a un des aspects de ce phénomène qui pourrait ne nous laisser pantois pendant les générations à venir (sacrifiées selon Greta Thunberg, mais sans doute avec devant elles un avenir incertain) c'est comme peut le dire le fameux conte du *roi est nu*. En résumé, deux escrocs se présentent à sa majesté le roi comme étant des marchands de tissus (ou des tailleurs c'est selon), tissus uniques au monde, d'une beauté à nulle autre pareille. Ces marchands lui taillent un costume (facile, je sais) avec ces tissus merveilleux (au sens de René Girard) et toute la cour, à commencer par le grand chambellan, s'extasie devant le roi dans son nouvel apparat. Le roi, fier comme un paon de ses nouveaux habits, décide de déambuler parmi la foule jusqu'au moment ou un enfant, pur il va de soi, dit : « mais le roi est nu ! ». De tissu il n'y en avait que le prix extraordinairement coûteux et chacun s'était extasié par mimétisme, lâcheté, courtisanerie devant le vide très cher payé. Pour Greta Thunberg, on peut dire (pour ce qui concerne ce point développé ici) que c'est la fougère qui cache la forêt amazonienne. Je serais à la place de Green Peace, de toutes les ONG qui se battent, de tous les partis écologistes, de tous les élus, de ceux qui font voter des règlementations, des lois, qui gouvernent des villes enfin des centaines de milliers de personnes, pour ne pas dire des millions qui, au quotidien, dans leur vie personnelle, dans leur engagement, tous les chercheurs, les industriels, tous ceux qui depuis deux ou trois dizaines a d'années ont agi et abouti à des résultats concrets, à ceux-là, pas seulement à ceux qu'il est facile d'insulter avec des propos violents et, au fond, faux, à tous ceux-là, sans en avoir conscience j'espère, Greta Thunerg leur crache à la figure, leur met une claque à la Obélix, les ridiculise, leur dit en somme que tout ce qu'ils ont fait, que leur combat, leurs actes, leurs discours, les résultats obtenus n'existent tout simplement pas. Et ceux-ci au lieu de se dire : « Eh Oh tu ne pousserais pas le bouchon un peu loin ? », se mettent à son service, s'aplatissent plus bas que terre, se déjugent sans même une once de recul. Rien que pour montrer combien ils sont aux côtés de la Grande Vérité, combien ils sont bons, combien ils sont généreux, un peu pour leur combat, beaucoup pour s'extasier et s'indigner à bon compte, ils sont prêts à effacer tout ce qu'ils ont dit, fait, tout leur engagement, le temps passé, l'énergie déployée, d'effacer les résultats obtenus : règlementaires, législatifs, auprès des industriels, dans les villes ou les départements ou les régions qu'ils ont dirigé ou dirigent, ainsi juste pour pouvoir s'associer à cette parole inique : *vous ne faites rien*, en parlant des autres bien sûr, ils acceptent de faire disparaître de la vérité, de la réalité, de l'histoire pour une vérité alternative, qu'en fait ils n'ont jamais existé. Cette ahurissante constatation n'a semble-t-il jamais été faite, et la blogosphère n'en fait aucun écho qui soit parvenu à ma modeste personne.

Pour terminer cette introduction, un autre petit détour, qui pourra sembler anodin pour certains et qui, pourtant bien qu'anecdotique, en dit beaucoup plus et a plus d'importance qu'il n'y paraît. Il m'arrive de lire, et dans ce roman policier de Mo Hayder, publié en 2010 sous le titre *Gone* ce qui donne en français *Proies* (éditions des presses de la cité, 2010 pour la traduction française depuis l'anglais par Jacques-Hubert Martinez) on peut y lire ce paragraphe page 142, chapitre 25 :

A 15 h 30, Janice Costello, arrêtée à un feu rouge, regardait d'un air abattu la pluie qui coulait sur son pare-brise. Tout était sombre et lugubre. Elle détestait cette période de l'année, elle détestait être bloquée dans un embouteillage. L'école d'Emily n'était qu'à une courte distance de la maison. Si Cory prenait généralement la voiture pour baller chercher sa fille - tout allusion à l'effet de serre provoquait chez lui une diatribe contre l'érosion patente de ses droits civiques - Janice, lorsque c'était son tour, faisait le chemin à pied, notant soigneusement la durée du trajet pour la maîtresse d'Emily, dans le cadre du système pédibus.

Votre sagacité aura remarqué deux éléments importants :
- la date de publication 2010 (Greta Thunberg avait au plus sept ans) ;
- il est question de l'effet de serre (toute allusion ...) et pour lutter contre, à ce petit niveau, il existait le **système pédibus**.

Pourquoi parler de ce passage du roman de Mo Hayder ? Vous l'avez compris. Ce petit passage nous donne une date où la notion d'effet de serre, la nécessité d'agir à son encontre étaient déjà si prégnantes qu'un roman en parle là où cela n'apporte rien pour l'intrigue, juste un peu sur le caractère individualiste du mari de Janice Costello. Et ce passage nous dit également qu'il existe ce **système pédibus** qui a était lancé au Canada, qui existe en Suisse depuis 1999, en France dans de nombreuses villes et agglomération par exemple à Lyon où il existe près de 200 trajets pédibus. Ce système pédibus existe aussi par exemple en Allemagne et au Royaume uni. Il s'agit en fait d'organiser un ramassage scolaire comme un bus mais à pied et ce, en partie, pour le bénéfice de l'environnement. En France l'ADEME y participe activement. Ceci veut donc dire que depuis avant 2 000 (Greta Thunberg n'était pas née), des politiques, des organismes, des écoles, des individus se sont mobilisés, se mobilisent, ont agi et agissent pour diminuer l'effet de serre et donc lutter contre le réchauffement climatique. C'est peu diriez-vous. Peut-être, mais là n'est pas le juste point. Un jour on a demandé à sœur Teresa si ce qu'elle faisait n'était pas une goutte d'eau dans l'océan, ce à quoi elle a répondu, oui mais cette goutte manquerait à l'océan. Tiens, à propos de passé, saviez-vous que la première unité de recyclage de papier (écolo ça non ?) date de 1890 (Greta Thunberg était-elle née, et tous ses supporters l'étaient-ils aussi ?). Elle s'appelait la British Paper Company, et ce dans un pays considéré comme un des plus capitalistes, libéraux ou encore occidentaux (donc honnis) au monde.

Le paragraphe de ce roman policier est là pour prouver que lorsque Greta Thunberg dit que : « vous ne faites rien, n'avez rien fait » est faux. Ce petit exemple n'est aussi qu'une goutte d'eau dans l'océan de ce qui a été fait et qui est fait. Et ce sera démontré dans ce livre. Il faut faire une nette distinction entre : **Est-ce suffisant ? Est-ce efficace ?** et : **Vous ne faites rien !** Le mouvement qui suit aveuglément Greta Thunberg, boit ses paroles et devient aveugle, ressemble à un mouvement messianique. C'est un peu comme si pendant les vingt dernières années tout ce qu'avaient écrit des centaines de milliers de personnes, des millions de personnes à la craie sur tant de tableaux noirs, était effacé d'un coup d'éponge humide par les media, les réseaux sociaux, les militants, les politiques, sous Rohypnol® depuis ces vingt ans, et qu'au firmament un nouveau tableau noir apparaissait avec un petit texte écrit à la craie luminescente de la main de Greta Thunberg : **Vous n'avez rien fait !**

Vous ne faites rien ! Voici le mantra de Greta Thunberg et de ses thuriféraires. Si nous le permettez, nous allons commencer par la France. Pourquoi ? Oh tout d'abord parce que c'est mon pays, ce qui pourrait être une raison suffisante pour les Nationalistes de tous poils, cependant, une autre raison plus impérative est que Greta Thunberg s'est attaquée à nous, les Français, au travers de sa plainte contre la France. En effet, en septembre 2019 Greta Thunberg avec quinze autres jeunes, a déposé une plainte devant le Comité des droits de l'enfant de l'ONU contre cinq pays : l'Argentine, le Brésil, la Turquie, l'Allemagne, et, donc, la France. *Ces écologistes-là* considèrent que l'inaction des dirigeants sur le plan climatique porte atteinte à la convention de l'ONU sur les droits des enfants. Et enfin la France est un des pays où elle a le plus d'écho.

Nous avons vu que dès 1890, de l'autre côté de la Manche, cette île qui est redevenue une nouvelle île depuis le Brexit, plus égoïste, il y a 130 ans (par rapport à la date de sortie de ce livre) pour mettre les points sur les i, on a commencé à recycler le papier. Venons en à l'hypothétique inaction en France. Savez-vous ce qu'est la CSPE ? Oh un petit truc, pas grand chose qui a coûté aux Français ou plus exactement aux consommateurs d'électricité et de gaz en 2019 la bagatelle de 7,65 milliards d'euros dont près de 5 milliards d'euros pour les énergies renouvelables. En dix ans cela a représentés respectivement environ 61,5 milliards et environ 35,2 milliards. Sans doute pour nos amis de la dénonciation sans vérification, dénonciation idéologique et de mauvaise foi, avoir dépensé en dix ans plus de 60 milliards pour compenser le surcoût de l'amélioration énergétique des centrales thermiques et celui des énergies renouvelables pour 35 milliards d'euros ce n'est qu'une paille, une inaction des rois fainéants.

Qu'est donc ce CSPE qui devrait coûter, aux usagers du gaz et de l'électricité en majeure partie, la bagatelle de 20 milliards d'euros en 2020 ? Il s'agit de la *contribution au service public de l'électricité*, un prélèvement existant depuis 2000 que vous pouvez voir sur vos factures. Il est vrai que d'autres pays comme le Danemark dans les années 1980 ou comme l'Allemagne dans la décennie suivante avait instauré cette obligation d'achat d'énergie renouvelable. Cette contribution instaurée en 2000 avait d'abord pour objectif d'aider les foyers modestes, les départements d'outre-mer bénéficiant déjà depuis les années 70 d'une péréquation afin que le coût de l'électricité soit le même qu'en métropole. La France a décidé d'ajouter les énergies renouvelables à ces deux compensations sociale et géographique. Il faut bien noter que c'est sous l'impulsion de l'Europe (tellement décriée comme inutile et inefficace, déclarée comme inactive par les militants « thunbergeois » - là il faut que je fasse attention avec mon expression adjectivale, Greta Thunberg ayant déposé des marques commerciales, on y reviendra) que la France a fini par intégré cette obligation. Cette manne financière est payée en gros à 60 % par les entreprises. Cette taxe représente 16 % de votre facture ce à quoi il faut bien sûr ajouter la TVA car ces fonds pour la transition énergétique sont intégrés au budget de la France. A ce financement du coût de l'électricité il faut ne pas oublier les aides fiscales, financières et de réduction de TVA (tout ce qui touche les finances publiques de l'état) qui s'y ajoutent. Ce à quoi il ne faut pas oublier non plus toutes les aides régionales, départementales, municipales et d'organisme comme l'ANAH.

Rien qu'au regard des sommes extrêmement importantes tant annuellement qu'en cumul, argent dépensé uniquement dans le but de réduire l'usage des hydrocarbures, d'augmenter l'usage des énergies renouvelables, il est proprement hallucinant, non que Greta Thunberg, en juge et experte suprêmes, accuse tous et partout de n'avoir rien fait et de ne rien faire, mais que ses soutiens français lui emboîtent le pas, donnent corps et vérité à ces déclarations aberrantes, mensongères et destructrices. Soit ils vivent dans un autre pays étanche totalement à ce qu'il se passe en la France, soit ils sont totalement ignorants de ce qu'il s'y passe (ce qui est plutôt gênant pour des leaders d'opinion, des responsables politiques ou syndicaux, tous ceux qui se mêlent de politique et donnent des leçons), soit ils le savent et leur combat n'est qu'un combat idéologique sans rapport aucun avec la réalité des faits et le réchauffement climatique, l'écologie n'est alors qu'un moyen d'action et non une finalité en soi. Cela fait penser à ces deux grandes associations que sont *Green Peace* et *Amnesty International* qui a leur début ne se sont jamais attaquées au bloc de l'est bien que pire en tous points et tous domaines que ce qu'elles dénonçaient à l'ouest. Leur cause n'était pas celles qu'elles affichaient mais bien une arme contre l'Occident. Ceci dit on ne peut que trouver positif quand il y a des résultats pour le bien de l'humanité quand bien même les actions et dénonciations n'étaient qu'un masque et un bras de levier au service d'une autre cause. Et comme toujours parmi ceux qui ont agi au sein de ces organisations il y avait les cyniques à but politique et les sincères, quand même bien nourris par une idéologie anti occidentale, cet Occident mère de tous les vices et défauts. Attention ici *Occident* n'est pas pris dans le sens de cet organisme d'extrême droite, dont je ne fais absolument pas partie n'ayant jamais adhéré à leurs idées, ni voté pour leurs représentants ou leurs cousins, ou tout succédané de l'idéologie qui y est développée. Il faut se méfier car on a vite fait de se faire épingler sur un tableau comme un papillon avec dessous une étiquette soulignée en rouge : spécimen dangereux. Du reste on reviendra sur cette technique de dénigrement par la stigmatisation interdisant tout dialogue et surtout empêchant toute propagation d'une théorie contraire en justement stigmatisant celui qui l'énonce et en le plaçant dans le camp du diable avec un puissant projecteur (maintenant en LED, c'est plus écolo) pointé sur lui. C'est un peu la bonne technique : *si tu n'es pas d'accord avec moi j'accepte le dialogue pour te convaincre, si je ne suis pas d'accord avec toi, tu es le diable et j'ai raison* et visversa. On ne discute pas des idées, de leurs valeurs scientifiques, on discrédite celui qui pense différemment quand bien même ses arguments sont recevables et validés. Cela vaut pour les deux camps, mais est très proéminent dans celui de Greta Thunberg. Eux ce sont les **éveillés** (ou bien cette expression à la mode et tant valorisante : *les lanceurs d'alerte*) les autres les **obscurantistes égoïstes**. Le bien et le mal. En quelque sorte.

Connaissez-vous l'ADEME ? Son petit nom est *Agence de l'environnement et de la maîtrise de l'énergie*. On ne va pas faire ici une longue généalogie, qui deviendrait presque de l'archéologie, d'autant plus que cette EPIC (Etablissement Public à caractère Industriel et Commercial) résulte d'une longue série d'organismes divers qui ont fusionnés les uns avec les autres et des fusions de fusions.

Intéressons nous donc à l'ancêtre, l'Agence pour les Economies d'Energie (AEE). Vous vous souvenez du slogan dont j'ai parlé en introduction : *En France, on n'a pas de pétrole, mais on a des idées*. Il y avait aussi : *la chasse au Gaspi*. A la suite du choc pétrolier de 1973, au conseil des ministres du 25 septembre 1974 sous l'impulsion du président de l'époque (Valéry Giscard d'Estaing) l'idée est de déléguer une action à un établissement public externalisé qui agit au nom de l'état et sous sa tutelle. Cet établissement public à caractère administratif deviendra un établissement public à caractère industriel et commercial tout comme l'ADEME. Ce petit établissement qui au départ est composé de 12 personnes avec un budget modeste de moins de 5 millions d'euros terminera sa carrière avec plus de 250 personnes et plus de 100 millions d'euros. Son objectif est de faire baisser la consommation par réduction des gaspillages. Cette action aboutit rapidement à un gain (si l'on peut dire) d'un million de tonnes équivalent pétrole (TEP). Ce qui est non négligeable.

En parallèle il existait le COMES (COMmissariat à l'Energie Solaire) créé par décret le 9 mars 1978 avec pour mission la promotion d'une politique énergétique mettant en œuvre les énergies renouvelables (photovoltaïque, solaire thermique, éolienne, hydraulique, de la biomasse), ainsi que les économies d'énergie et l'utilisation rationnelle des sources d'énergie. C'est la fusion du COMES et de l'AEE qui a donné le 13 mai 1982 l'AFME (l'Agence Française pour la Maîtrise de l'Energie) qui fusionnant en 1991 avec l'Agence nationale pour la récupération et l'élimination des déchets (ANRED) et l'Agence pour la qualité de l'air (AQA) donnera notre ADEME.

Si vous vous heurtez à ces dates comme un oiseau contre une vitre car les militants et les media les ont gommés de votre vue, vous ne pouvez qu'avoir le vertige quant aux affirmations de Greta Thunberg et des hauts-parleurs français. Outre toutes les périodes imposant des économies (guerres, famines) depuis 1974, au plus tard, en France, les pouvoirs publics non seulement se sont inquiétés de l'énergie, mais ont agi, ont créé des structures efficaces, ont dépensé des sommes importantes et le peuple français y a participé par ses impôts et parfois ses actions que ce soit au niveau public (région, département, commune), privé ou industriel. Les politiques tant attaqués ont agi. Ceci est un fait et même l'héroïne de ce livre ne peut rien y changer, et ce même si ses alliés, dans le déni absolu de la réalité et le respect de la simple vérité, nue sortant du puits, veulent nous faire croire le contraire.

Par décret du 26 juillet 1991 est créée l'ADME, Greta Thunberg avait moins douze ans, si l'on peut dire. Voici ce que l'ADEME dit d'elle-même :

À l'ADEME - l'Agence de la transition écologique -, nous sommes résolument engagés dans la lutte contre le réchauffement climatique et la dégradation des ressources.
Sur tous les fronts, nous mobilisons les citoyens, les acteurs économiques et les territoires, leur donnons les moyens de progresser vers une société économe en ressources, plus sobre en carbone, plus juste et harmonieuse.

Dans tous les domaines - énergie, air, économie circulaire, gaspillage alimentaire, déchets, sols, etc., nous conseillons, facilitons et aidons au financement de nombreux projets, de la recherche jusqu'au partage des solutions.

À tous les niveaux, nous mettons nos capacités d'expertise et de prospective au service des politiques publiques.

L'ADEME est un établissement public sous la tutelle du ministère de la Transition écologique et solidaire et du ministère de l'Enseignement supérieur, de la Recherche et de l'Innovation.

Organisation

L'ADEME, dont le siège social est à Angers, regroupe plus de 1 000 collaborateurs répartis en :

3 sites pour les services centraux à Angers (49), Paris (75) et Valbonne (06) ;

17 directions régionales, 13 en territoire métropolitain et 4 en outremer, qui maillent à travers 26 implantations l'ensemble du territoire ;

3 représentations dans les territoires d'outre-mer ;

1 bureau de représentation à Bruxelles.

Quatre métiers

<u>connaître</u> : l'ADEME assure l'animation et participe au financement de la recherche et de l'innovation, à la constitution et à l'animation de systèmes d'observation pour mieux connaître l'évolution des filières ;

<u>convaincre et mobiliser</u> : parce que l'information et la sensibilisation des publics sont des conditions essentielles de réussite des politiques environnementales, l'ADEME met en œuvre des campagnes de communication pour faire évoluer les mentalités, les comportements et les actes d'achat et d'investissement ;

<u>conseiller</u> : l'ADEME assure un rôle de conseil pour orienter les choix des acteurs socio-économiques et élabore des outils et méthodes adaptés à leurs attentes. La diffusion

directe par des relais de conseil de qualité est une composante majeure de la mise à disposition de son expertise ;

> *aider à réaliser : l'Agence déploie des types de soutien financier gradués et favorise la mise en œuvre de références régionales et nationales.*

5 domaines d'intervention
Déchets, sols pollués et friches, énergie et climat, air et bruit, actions transversales (production et consommation durable, villes et territoires durables).

Pour l'année 2020 son budget est de 721,2 M€. Ce n'est pas l'objet ici de faire un exposé complet ni sur l'ADEME ni sur son budget, cependant juste un mot de son financement qui se décompose en 579 M€ de subventions pour charges de service public ;14 M€ de recettes fléchées (essentiellement des programmes CEE relayés par l'ADEME) ; 15 M€ de ressources externes (Union Européenne, partenaires). L'Europe donne une participation, cette hydre inutile. Il fait aussi savoir que l'ADEME n'agit pas seule, Pour appuyer son action, l'ADEME développe de nombreux partenariats, avec (source Wikipedia) :
- des petites et moyennes entreprises ;
- des grandes entreprises ;
- des centres de recherche et des centres techniques industriels ;
- des chambres consulaires (chambres de métiers et de l'artisanat, chambres de commerce et de l'industrie, chambres d'agriculture) ;
- des collectivités territoriales (régions, départements, communes et structures intercommunales) ;
des associations ;
- des organismes homologues, à l'étranger et notamment en Europe à travers le Club EnR.

Savez-vous que le fameux PTZ (Prêt à Taux Zéro) qui permet de fiancer des économies d'énergie, va coûter au budget 1 milliard 237 millions d'euros ? Il faut bien sûr ajouter à cette somme les crédits d'impôts pour économie d'énergie, le différentiel de TVA entre les 20 % de taux normal et le 10 % pour la rénovation (en prenant en compte la quote part des économies d'énergie) et 5,5 %. On tourne à plus de 3 milliards d'euros. Et il y a aussi les crédits d'impôts qui entrent en jeu pour la bagatelle de 1,9 milliard d'euros.

Quoi d'autre ? Tiens l'ANAH (Agence Nationale pour l'Amélioration de l'Habitat). Elle aussi finance les économies d'énergie. En 2019 son budget approche les 875 millions d'euros. Le chèque énergie à utiliser pour réduire sa facture ou acheter du bois à chauffer (oh une paille de 1,2 milliard d'euros en 2019), la prime coup de pouce, la réduction ou l'annulation temporaire de la taxe foncière selon les communes, les aides des fournisseurs d'énergie, les aides régionales, départementales et municipales. Prenons pour exemple l'AREEP (Pays de Loire) son budget est de 353 millions d'euros pour la période 2018-2020. Il reste encore la prime de conversion automobile qui a dû coûter un milliard d'euro en 2019.

Petite liste non exhaustive des organismes et aides pour les économies d'énergie : ADEME, l'ANAH, le PTZ, la TVA réduite, les crédits d'impôts, la prime énergie, le coup de pouce énergie, prime à la casse, prime à la conversion automobile, aides municipales, départementales, régionales, aides européennes, les aides des industriels etc. Tout ceci se cumule, mais aussi se superpose. C'est un maquis qui déverse annuellement un bon petit paquet de milliards d'euros et depuis de très longues années ce qui en cumul peut représenter des sommes colossales. Ceci ce sont les dépenses au profit des économies d'énergie et de la transition écologique. Ce n'est pas si mal pour un pays qui ne fait rien.

Du côté des recettes on a bien sûr comme vu au début du chapitre CSPE (juste 20 milliards d'euros, une autre petite paille), mais aussi les taxes sur les carburants et la fameuse taxe carbone (je ne vous ferai pas l'injure de vous demander si vous savez ce qu'elle est). Si cette taxe n'est entrée en vigueur qu'en 2013, il existait déjà une taxation de l'abominable carbone avec la TIPP. Et alors que ce pouvoir, qui ne fait rien, poursuivait sa politique de l'augmentation de la taxe carbone (partant en 2014 à 7 € HT par tonne de CO2) pour arriver à 100 € en 2030 - l'objectif étant d'augmenter progressivement afin de laisser le temps de trouver d'autre sources d'énergie en forçant par le montant de plus en plus élevé de la taxe à ce que les industriels trouvent des solutions et s'adaptent - cette politique demandée à grands cris par ceux qui furent totalement muets et absents quand la horde des gilets jaunes en a bloqué l'augmentation. Ces gilets jaunes qui au départ demandaient de pouvoir rouler le plus vite possible et de consommer beaucoup de carburant et s'opposaient donc farouchement en réalité, entre autre, à cette augmentation. Il est vrai que ce mouvement qui a été artificiellement gonflé car il n'a représenté que 0,6 % des votants aux dernières élections européennes, et en général moins de 1 % lors des manifestations, par les destructions de biens, les blocages (illégaux et anti-démocratiques) par la violence des actions et des paroles, ont dû faire plaisir aux décroissants puisqu'ils ont réussi à faire ralentir l'économie française et coûter beaucoup d'emplois notamment des plus faibles et de toutes les personnes qui attendaient avec impatience les fêtes de fin d'année pour soit gagner un peu d'argent (étudiants), soit augmenter leur rémunération (heures supplémentaires) et des sommes considérables à l'ensemble des Français en destruction et blocage (et futures primes d'assurances). Du reste je vous soumets ici un excellent livre qui traite du sujet : *Gilets jaunes L'imposture* éditions des Sans-Voix. Ainsi *ces écologistes-là* ont été d'une lâcheté incommensurable et d'un silence - selon l'expression consacrée - assourdissant. Comme vous l'avez remarqué j'ai employé plusieurs fois une expression : *ces écologistes-là*. En effet, je vais m'éloigner à grands pas des généralisations habituelles des media et politiques qui ont la fâcheuse habitude de généraliser et d'employer l'article défini pluriel *les* en lieu et place du partitif *des* entraînant la confusion (volontaire) entre une partie et le tout. Ce sont, vous savez, ces fameux : les Français pensent que etc. quand une partie des Français pensent (et encore s'il était possible de savoir réellement ce que pense quelqu'un). De ce fait je vais, de mon côté, employer ce terme générique qui concerne un regroupement labile de tous les écologistes dogmatiques, extrémistes, de mauvaise foi, imbus de leurs certitudes, détenant la vérité absolue, stigmatisant et montrant d'un doigt vengeur tous ceux qui osent émettre d'autres opinions que les leurs, inaptes au dialogues, violents et contre-productifs si ce n'est hautement néfastes, c'est-à-dire que leurs actions ont eu des effets à l'opposé des objectifs avoués (mais positifs pour certains aux objectifs inavoués qui sont l'action au service de leur haine d'un système politique et économique qu'ils veulent détruire en marchant à chaussure à clous sur la démocratie). Ils peuvent être de droite, de gauche, d'un extrême ou de l'autre et ne sont pas forcément les mêmes selon les sujets ou les situations. Ils ont en commun que les seuls faits qui comptent sont ceux qu'ils affirment et de donner des leçons à la terre entière sans jamais tenir rigueur pour eux-mêmes des contradictions qu'ils emportent avec eux. Et une de ces contradictions a bien été leur silence contre les gilets jaunes ou certains des gilets jaunes. Du reste, il aurait été de son devoir que Greta Thunberg vînt sous les jets de pavés, à côté des voiture en feu, en marchant sur les débris de verre des vitrines, leur faire la leçon. *Ces écologistes-là* utilisent une méthode éculée et bien rodée, celle de l'agit-prop, chère à Trotsky (dont j'ai fait une allusion plus haut) : l'agitation propagande une idée simple avec un fondement réelle (par exemple la misère) une explication simplisme de sa cause et un responsable. Ah ces fameux responsables qui ont été exécutés les uns après les autres quand les résultats des théories ont été démentis par les faits en URSS, Chine, à Cuba, au Cambodge - le plus grand génocide de tous les temps un tiers de la population assassiné - en Corée du Nord au Nord Viet-Nam, ce n'est pas la théorie qui est fausse mais les faits qui sont faux (la réalité alternative de Trump) et des responsables que l'on pousse à s'auto-accuser de faits qu'ils n'ont pas commis et que l'on passe par les armes. Cette accusation est un élément essentiel de l'action de ces dogmatiques. On cherche un élément qui veut démontrer que ces coupables sont les ennemis de la cause et sont responsables de tous les méfaits et alors on les désigne à la vindicte, on tord les faits, on trucide la vérité avant de les trucider eux. Juste un exemple pour voir que cette technique est utilisée en France par les deux extrêmes et *ces écologistes-là*. Le 11 février 2020, sur *France Inter*, à la suite de dégradations au siège parisien de BlackRock, Julien Bayou (notez bien qui il est), secrétaire national d'Europe Ecologie Les Verts (EELV), à une heure de grande écoute, sans contradicteur, condamne à peine les dégradations (sommes-nous dans un état de droit, sommes-nous à une époque où l'espérance de vie était inférieure à 30 ans, où les enfants travaillaient dix heures par jour ?) et en comprend la cause et affirme que BlackRock est un *prédateur* pour notre avenir, accusant cette société d'être un *fond de pension*, un vautour qui va dépecer notre système de retraite à son profit, et que son *PIB* est *supérieur à la France*. Sa technique est donc la même : trouver une cause qui va déclencher l'émotion, la colère (c'est espéré), en trouver un responsable et transférer la colère sur cet ennemi pour en tirer un bénéfice idéologique et électoral. Or dans ce qu'il affirme tout est faux : BlackRock n'est pas un fond de pension, mais un gestionnaire d'actifs. Les actifs en 2018 s'élevaient à 6 960 milliards de dollars mais son chiffre d'affaire de 14,2 ce qui ne sont pas non plus ses bénéfices. Enfin la loi sur les retraites ne donne absolument aucun pouvoir supplémentaire aux fonds de pensions et restera fondé sur la répartition et non la capitalisation. Une affirmation et trois mensonges ou trois erreurs. On ne peut qu'en tirer une conclusion alarmante qui nous montre tout le danger des dogmatiques. Ou Julien Bayou ne sait pas de quoi il parle et on peut légitimement se poser la question de sa compétence générale, de ses affirmations dans chacun des domaines qu'il évoquera et on voit mal comment lui confier le pouvoir, ou alors il sait parfaitement qu'il ment, qu'il manipule l'opinion et il est à écarter d'urgence du débat démocratique. Les dégâts que causent ce genre d'affirmations mensongères dans l'opinion sont considérables : elles attisent la haine, trompent la population et empêchent la résolution des problèmes. L'affirmation de Julien Bayou fait de lui, à cette occasion - et peut-être seulement à cette occasion-là, mais j'en doute -, un membre éminent de *ces écologistes-là*.

Revenant du côté des recettes. Cette taxe carbone a rapporté plus de 9 milliards d'euros en 2018. Comme vous le voyez les milliards s'accumulent. L'objet de ce livre n'est pas non plus de vous assommer de chiffres et de vous exposer une litanie de mesures, il me semble qu'il y en a jusqu'ici bien assez à votre service.

Lorsque vous lisez ces mesures - et si vous êtes un tantinet objectifs - vous ne pouvez qu'être ahuris que certains politiques et certains journalistes, sans recul ou alors volontairement pour raisons diverses et variées (scoop, émotion, idéologiques, électoralistes) se fassent l'écho approbateur des propos faux et injustes de Greta Thunberg. Que Greta Thunberg qui n'est ni journaliste, ni à responsabilité politique (quoique), ni française, ignore tout de ce que la France a fait, cela peut se comprendre sans pour autant l'excuser (puisqu'elle donne des leçons, en voici une : avant de parler il faut se renseigner), que les jeunes qui la suivent étant dans la même situation abondent dans son sens, cela se conçoit pour les mêmes raisons d'ignorance (toujours sans pour autant les excuser, avec un peu moins d'excuses pour les Français d'entre eux) mais que les politiques, les responsables d'association, les experts, les philosophes les éditorialistes, les habituels commentateurs la laissent dire sans réagir laisse pantois et présager d'un monde dangereux quant à la vérité. Et si Macron (qui n'est pas mon idole. Je ne l'aime tout simplement pas) s'en offusque à juste titre c'est lui qui est montré du doigt.

C'est bien beau tout cela, me direz-vous, mais dépenser des fortunes, superposer les mesures, cela ne prouve en rien son efficacité. Il est vrai que l'on ne cesse de nous bassiner avec le mantra que nous ne faisons rien et que tout augmente, que la catastrophe est à nos portes et que ne faisant rien, il ne peut y avoir la moindre efficacité. Et là, patatras c'est tout le contraire. Nous l'avons vu que déjà dès 1974 les mesures prises ont rapidement permis d'économiser un million de tonnes d'équivalent pétrole par an. J'en profite pour ajouter, avant d'y revenir de diverses façons, que l'industrie a aussi sa part de responsabilité dans la réduction de la consommation d'énergie. - Tiens j'avais oublié ces fameux bonus et malus écologiques du secteur automobile. - Soit qu'ils fussent obligés par le bâton ou la carotte, soit que certains aient eu véritablement la fibre écologique, soit que faire des économies c'est aussi rentable économiquement, toujours est-il que le monde de l'automobile a agi et que dans les années 70 une voiture consommait en moyenne 9 l au cent kilomètres et que de nos jours cela tourne autour de 6 et pour certaines moins de 4 l sans être hybrides. Ce sont des moyennes qui vont évoluer car jusqu'à la prime de reconversion pour les automobiles la moyenne d'âge des véhicules du parc français était de 9 ans. Avec les voitures hybrides, ou totalement électriques, le rajeunissement du parc, cette moyenne va bien évidemment baisser.

Avant de conclure sur ce qui se fait en France je voudrais parler d'un incident majeur et mondial : le diesel gate. Des géants de l'automobile, et en premier lieu VolksWagen, ont décidé de tricher en programmant le calculateur des moteurs de telle sorte que lorsque ce calculateur reconnaît qu'il s'agit d'une phase de test, il modifie les caractéristiques de la voiture afin d'en diminuer la puissance et d'en réduire la pollution. On peut voir la chose ainsi : salauds de constructeurs automobiles. Et certes ils ont triché et doivent en être lourdement punis. Si nous nous arrêtons là on oublie (volontairement ?) les autres aspects majeurs :

1- si ces sociétés ont triché c'est parce que l'Europe a mis en place des normes ce qui permet de conclure deux choses :
       a- c'est que l'Europe agit en imposant ces normes et
       b- ces normes sont drastiques
2- si le scandale a été découvert c'est bien que la société a agi en enquêtant et en ne laissant pas faire et donc que cette société agit (ben oui)
3- les entreprises ont été lourdement condamnées ou ont signé des accords financièrement très élevés (on parle de milliards d'euros), les dirigeants poursuivis ce qui implique que la justice passe.

Ainsi non seulement contrairement aux affirmations de Greta Thunberg les politiques et la société ont agi mais également la justice a elle aussi agi ne laissant pas impunies ces entreprises et leurs dirigeant.s Alors si d'un côté il y a fraude ce qui est négatif dans l'autre plateau de la balance c'est beaucoup plus chargé : normes drastiques, vérifications, poursuites quand il y a tricherie, condamnations et, en plus, surveillance accrue et modification des logiciels et ou moteurs pour l'avenir. En somme on peut, aveuglément, ne voir que l'aspect négatif et la tricherie, si on est honnête on se rend compte qu'avant l'affaire il y avait du positif (normes), pendant du positif (enquête) et qu'à la sortie (condamnations, vérifications plus soutenues, corrections des logiciels et des moteurs), il y a du positif.

Donc, pour en revenir à la France, les premières phases de mise en place de mesures d'économie d'énergie ont été efficaces. On apprend également début 2020 que la taxe carbone a été elle aussi efficace puisque d'une part, en France, selon une étude de l'OCDE elle a entraîné une baisse de 5 % du CO_2 en 2018, et d'autre part en ce qui concerne la production d'électricité , elle a été en baisse en 2019, grâce (si vous me permettez ce clin, d'œil) au réchauffement climatique, en fait à un hiver plus doux, aux gilets jaunes qui ont ralenti l'économie, mais surtout les émissions de CO_2 ont bien baissé parce que la part de charbon a chuté de près de

72 % compensée par du gaz (+24 %), de l'éolien (+ 21 %) et du solaire (+ 7,8 %). Et c'est là où on peut parler de *ces écologistes-là*, ceux qui ont poussé finalement l'Allemagne à abandonner le nucléaire remplacé par le charbon. Le charbon une catastrophe écologique, économique et de santé publique. Ils peuvent être fiers d'eux. L'Allemagne à cause de son charbon et parmi les 5 leaders les plus polluants en CO2 au monde. L'année 2019 a vu (contrairement à toutes les Pythie) la quantité de CO2 stagner au niveau mondial alors que la croissance mondiale a été de 2,9 %. Ceci est dû essentiellement à plus d'utilisation du nucléaire, plus de gaz et moins de charbon. Les baisses se situent aux USA (tiens) de 2,9 %, en Europe de 5 % (cette Europe si affreuse qui ne fait rien) et au Japon de 4 % grâce au nucléaire (redémarrage de centrales nucléaires). Et ce sont les centrales au charbon de l'Asie qui ont empêché la baisse pour l'ensemble du monde avec une augmentation de 400 millions de tonnes. Il faut savoir qu'en Europe entre 1970 et 2018 les émissions de CO2 par unité de production globale (PIB en gros) ont été divisées par plus de 2 ! Notez - s'il vous le voulez bien - que cette année 2019 a vu ses émanations de CO2 stagner et, dans le même temps - on en reparlera (*on en reparlera* c'est mon mantra à moi) - fut l'année la plus chaude depuis la fin du XIX^è siècle. Intéressant, non ? Nous reparlerons, aussi, plus loin du nucléaire. Je voudrais en profiter de cette intrusion dans le nucléaire pour vous poser une question qui vous fera réfléchir (je vous donnerai la réponse un peu plus tard). Cette question est tout à la fois primordiale et intéressante. Je vous expliquerai pourquoi quand on y reviendra. Ma question : Savez-vous quelle serait la surface (volume si l'on veut) qu'il faudrait pour enfouir la totalité de production des déchets nucléaires les plus dangereux, **enrobés**, pour **100 ans** de production d'énergie nucléaire en France ?

Comme vous le remarquez le nucléaire est la solution pour réduire la production de CO2. C'est la solution car l'hydraulique est à son maximum, les énergies éoliennes et solaires sont intermittentes, nécessitent des compensations, sont très loin d'être neutres écologiquement et en matière d'énergie grise, ont une durée de vie limitée. Ceci implique que *ces écologistes-là*, en luttant avec violence, mauvaise foi, désinformation, empêchant le développement nucléaire, retardant les solutions bienfaisantes (sécurité, rendement), par terrorisme politique, entraînant une grande lâcheté des dirigeants (on l'a vu la catastrophe allemande) ont agi à l'encontre totalement des objectifs claironnés mais secondaires aux objectifs réels.

Greta Thunberg a donc décidé d'attaquer la France, elle qui ne sait pas ce qu'il s'y passe par manque d'information (et non par mauvaise foi j'espère), est en revanche solidement informée de savoir que l'on peut et comment déposer une plainte. Nous sommes le 23 septembre 2019 après un discours devant l'ONU d'une extrême violence, empli d'incantations, de dénonciations, d'accusations, de menaces, peut-être de haine, Greta Thunberg, avec 15 autres jeunes de 8 (!) à 17 ans, a porté plainte pour atteinte à la convention de l'ONU sur les droits des enfants. Les pays concernés sont : l'Allemagne, l'Argentine, le Brésil, la Turquie et la France. Tout d'abord il faut noter en premier lieu toutes les contradictions intrinsèques à tout ceci. Elle intervient à l'ONU, financée par la plus grande part par ces pays honnis, elle est soutenue dans sa démarche par le cabinet international d'avocats Hausfeld avec la bénédiction de l'UNICEF, invention et émanation de l'ONU et originaire des pays occidentaux. C'est savoureux de savoir que c'est l'ancien directeur juridique et affaire internationales Europe de Michelin (sic) qui a pris la direction du bureau parisien de ce cabinet d'avocats, et que celui-ci a pour client, entre autres, le secteur de l'automobile et du transport (les plus grands émetteurs de CO2) et qu'ils sont spécialisés dans le droit de la concurrence commerciale donc le capitalisme le plus dur. Il aurait été bon que les media se fissent l'écho de ce qu'est ce cabinet d'avocats et qu'il avait aidé Greta Thunberg, tout comme les titres auraient dû associer les quinze autres jeunes qui ont déposé cette plainte avec elle au lieu de ne citer qu'elle seule. Elle s'attaque donc à des pays qui ne sont pas, et de loin les plus pollueurs, et ne s'attaque pas aux trois pays les plus pollueurs (plus de 50 % à eux trois) : La Chine, les USA et l'Inde car ces pays n'ont pas ratifié cette convention. En somme, elle mène un des plus mauvais combat qui soit. La France est un très bon élève, ça c'est pour notre pays, mais surtout elle s'attaque à des pays qui ont signé cette convention qui donc se sont engagés à défendre les causes nécessaires pour l'enfant. En gros elle s'attaque aux meilleurs qui sont affaiblis (en ce sens que leur générosité et la démocratie qu'ils vivent prêtent ainsi de facto le flanc à des attaques indignes) par leur volonté de bien agir en acceptant de se faire juger et condamner, en s'obligeant par des conventions et ne fait rien contre les plus gros et les plus pollueurs et ceux qui ne signent pas les conventions qui justement défendent les enfants. Bien que cette plainte devrait discréditer son discours aux yeux du monde par sa lâcheté et son inadéquation, au contraire elle est félicitée pour s'être attaquée à ceux qui peuvent l'être, laissant de côté les vrais coupables (si l'on considère que d'émettre du CO_2 c'est forcément coupable). L'Allemagne fait partie des plus gros émetteurs de CO_2, mais comme nous l'avons vu c'est une peu grâce à *ces écologistes-là* et le remplacement des centrales nucléaires par des centrales à charbon. Ces 5 plus gros pollueurs sont : la Chine (pour après de 30 %), les USA (14,5 %), l'Inde (6,6 %), la Russie (4,7 %) et le Japon (3,4 %). L'Allemagne n'est que 6ème (2,2 %). Le Brésil n'est que 13ème (1,3 %), la Turquie 16ème (1,2 %) et la France 19ème (0,9 %) ! Ainsi Greta Thunberg aidée par un cabinet ayant des clients dans le transport et l'automobile, soutenue par l'UNCEF ne s'attaque-t-elle pas aux 5 pays les plus polluants représentant plus de 57 % des émissions de CO_2 mais à cinq pays qui représentent moins de 6 % des émissions de CO_2. Qui peut donc accepter ça ? Qui peut donc la féliciter ? Qui donc va remettre à sa place les faits et ne pas laisser prospérer l'ineptie de cette plainte ?

Il faut contrer tout de suite un argument qui est de dire que c'est facile d'accuser la Chine et l'Inde d'être parmi les plus gros pollueurs et que c'est hypocrite car c'est en fait dû à un transfert des pays riches vers ces deux pays. En quelque sorte nous déplaçons la pollution vers eux. Il y a une part de vraie, en revanche les normes sont infiniment plus drastiques dans nos pays. Pour en juger il suffit de faire le ratio émission de CO2 sur le PIB (Produit intérieur brut) données de l'ONU. Plus le ratio est élevé plus le pays est intrinsèquement pollueur. En 2017 nous avons
Chine : 9,26 Giga Tonnes de CO2 pour 12 238 Milliards de $ de PIB
USA : 4,76 pour 19 485
Inde : 2,16 pour 2 575
Russie : 1,54 pour 1 578
Japon : 1,13 pour 4 872
Allemagne : 0,72 pour 3 693
et France : 0,31 pour 2 583

En tenant compte des ratios (GT/ milliers de milliards $) on trouve par ordre décroissant de pollueurs intrinsèques :
Russie : 0,976
Inde : 0,839
Chine : 0,757
USA : O,244
Japon : 0,232
Allemagne : 0,195
France : 0,12

Comme vous le voyez, la France est non seulement en valeur absolue très loin derrière les plus gros émetteurs de CO2, mais elle est aussi très loin en relatif 1/8è de la Russie et 1/6è de la Chine. L'Europe dans son ensemble (les 28 pays et maintenant 27) a diminué de plus de 10 % ses émissions de CO2, malgré la croissance (+ 100 % en gros ce qui veut dire que pour la même production on a divisé par plus de 2 les émissions de CO2), entre 1970 et 2018. Et Greta va nous dire que nous ne faisons rien …

Ces chiffres nous disent aussi que les USA tellement décriés sont à 1/3 de la Chine en rapport relatif émission/production (qui plus est, elle en est en valeur absolue au double) et 1/4 de la Russie deux pays soutenus par la gauche dure et extrême et pour la Russie aussi par la droite dure et extrême. Pays que Green Peace et Amnesty International, dans leurs jeunes années, ont oublié d'attaquer.

Il est tout autant extravagant que les media, ne faisant pas un simple effort d'analyse et de prise de recul, n'aient pas cherché à avoir si cette plainte avait un fondement quelconque et n'était pas entachée de mauvaise foi, de subjectivité et d'erreur de cibles. Cette plainte et son traitement médiatique est un reflet éclairant de ce qui fait que Greta Thunberg est considérée comme la Jeanne d'Arc du climat. Les Anglais étant en l'occurence le monde occidental avec nos démocraties comme autant d'évêques Cauchon, et le pays à libérer : le climat.

Greta Thunberg a tenu, lors de son discours devant l'ONU en septembre 2019, des propos tout simplement ahurissants dont on n'a retenu que l'enveloppe traduite par : *elle se jette corps et âme dans le juste combat pour notre avenir, celui de la terre, héroïne bienvenue et acclamée dans la lutte contre le réchauffement climatique.* On retient d'un discours colérique une halo romantique et romanesque. Peut-être une auréole.

Pour qu'il n'y ait pas confusion voici le texte in extenso de ce qu'a dit Greta Thunberg tiré du et traduit par le site *France Info* :

Ce n'est pas normal. Je ne devrais pas être ici. Je devrais être en classe de l'autre coté de l'océan.
Et pourtant vous venez tous nous demander d'espérer à nous les jeunes. Comment osez-vous ?

Vous avez volé mes rêves et ma jeunesse avec vos mots creux. Et encore, je fais partie des plus chanceux !
Des gens souffrent, des gens meurent, et des écosystèmes s'écroulent. Nous sommes au début d'une extinction de masse, et tout ce dont vous parlez c'est d'argent, et de contes de fées racontant une croissance économique éternelle. Comment osez-vous ?

Depuis plus de 30 ans, la science est parfaitement claire.
Comment osez-vous encore regarder ailleurs ?
Vous venez ici pour dire que vous faites assez, alors que les politiques et les actions nécessaires sont inexistantes.
Vous dites que vous nous entendez et que vous savez que c'est urgent, mais peu importe que je sois triste ou énervée, je ne veux pas y croire. Car si vous comprenez vraiment la situation, tout en continuant d'échouer, c'est que vous êtes mauvais, et ça je refuse de le penser.

L'idée commune qui consiste à réduire nos émissions de moitié dans dix ans ne nous donne que 50% de chances de rester en dessous des 1,5° de réchauffement, et du risque d'entraîner des réactions en chaîne irréversibles et incontrôlables. 50%, c'est peut-être acceptable à vos yeux, mais ce nombre ne comprend ni les moments de bascule, ni les réactions en chaîne, ni le réchauffement supplémentaire caché par la pollution toxique de l'air ou les notions d'égalité et de justice climatique.

Ces chiffres reposent aussi sur l'idée que ma génération réussira à absorber des centaines de milliards de tonnes de CO2, avec des technologies encore balbutiantes. Donc 50% de risque de rester en dessous des 1.5° de hausse des températures, ce n'est pas acceptable pour nous, qui devrons vivre avec les conséquences.

Comment pouvez-vous prétendre que ceci peut être résolu en faisant comme d'habitude, avec quelques solutions techniques ?

Avec les niveaux d'émissions actuels, le budget CO2 aura entièrement disparu en moins de huit ans et demi. Aucune solution, aucun plan ne sera présenté pour résoudre ce problème ici, car ces chiffres dérangent, et que vous n'êtes pas assez matures pour dire la vérité.

Vous nous laissez tomber. Mais les jeunes commencent à voir votre trahison. Les yeux de toutes les générations futures sont tournés vers vous. Et si vous décidez de nous laisser tomber, je vous le dis : nous ne vous pardonnerons jamais ! Nous ne vous laisserons pas vous en sortir. Nous mettons une limite, ici et maintenant : le monde se réveille et le changement arrive, que cela vous plaise ou non. Merci !

En lisant ce texte la première réaction qui vient est que c'est une diatribe violente, injuste, flirte avec une expression très proche de discours de propagande de l'extrême gauche. Il suffit d'analyser le vocabulaire avec comme expression *justice climatique* qui ne veut rien dire autre que d'être un slogan. Que veut dire la justice climatique ? C'est une notion impossible à définir car il est impossible de choisir les critères qui permettraient d'y répondre. Réfléchissez à ceci : un paysan qui est trop au nord pour avoir un rendement qui lui permette de vivre décemment, verra celui-ci augmenter sensiblement si la température moyenne augmentait de 3°. Pensez-vous qu'il serait au désespoir de voir ses revenus devenir suffisants ? Quelle serait la justice climatique pour lui ?

Si cela n'était pas indécent tant le sujet est sérieux on pourrait se dire qu'elle est culottée ce qui, pour certains, fonde leur admiration (mais est-ce réellement du courage ? Le courage c'est lorsque l'on fait quelque chose avec la peur au ventre et que le risque et les conséquences de ses actes sont lourds pour soi-même et rien de tout cela ne la concerne). Culottée et d'un orgueil inimaginable. Elle fait des affirmations définitives là où le consensus n'est pas établi, fait des prévisions dont on sait (voyez-vous je fais comme elle, j'affirme) qu'elles ne sont que des prévisions catastrophiques et qu'elles n'auront sans doute aucun rapport avec la réalité. Voulez-vous un exemple ? Il y a quelques années on nous disait que la machine s'était emballée et que rien ne pourrait l'arrêter. Or on vient de découvrir, alors qu'il y a eu une croissance mondiale de près de 3 % en 2019, que les émissions de CO2 se sont stabilisés et auraient baissé si le charbon n'en avait pas entraîné une hausse de 400 millions de tonnes. Ces éléments nous démontrent que ce discours est faux et que les prophéties apocalyptiques sont à prendre avec des pincettes. Ceci prouve par la réalité-même que tous ceux dont elle accuse d'inaction ont en réalité agi et que cette action a été efficace.

En regardant entre les lignes ce discours est un discours politique, un discours de décroissants, un discours qui veut jouer de l'émotion en appuyant sur une injustice et cette injustice étant intrinsèquement liée au système libéral. Or les pays où la pollution est la plus élevée, l'espérance de vie la plus faible, la liberté la plus restreinte sont les pays anti libéraux, les pays encore communistes et d'origine communistes. Je ne dis pas là qu'elle serait d'extrême gauche (je n'en sais rien), ni même manipulée (ce qui peut être possible) mais que ce discours est semblable dans le fond et la forme à ce que l'on a constaté dans l'histoire en URSS. Il peut très bien y avoir une convergence d'intérêt et une coïncidence de forme, l'une récupérée avec joie et l'autre non nécessairement voulue. Je ne vois là aucun complot mais une juxtaposition bienvenue pour certains.

Plus on lit plus on se dit que c'est effectivement ahurissant que ce discours dangereux dans son essence et sa finalité ait pu avoir un tel impact positif. Ce n'est pas *si on te donne une claque sur une joue tend l'autre joue*, c'est *on te met un coup de gourdin à clous sur la tête et tu t'agenouilles et tu dis merci*. On a cette impression nauséeuse des procès de Moscou où les ingénieurs agronomes s'accusaient les uns derrière les autres d'avoir comploté, avant d'être exécutés comme ennemi du peuple et du socialisme, pour provoquer des famines dues uniquement à l'ineptie des théories mis en œuvre par idéologie. Ces hommes politiques rassemblés à l'ONU ont baissé la tête et accepté qu'on leur crache au visage. C'est fou. Ce monde est fou. La lâcheté l'emporte sur le courage, la science est dévoyée. On est dans l'ère de l'Internet Lyssenko. Greta Thunberg se réfère à la science et tient pour une vérité absolue les théories du GIEC, du moins les extraits sans nuances qui servent d'arguments sans discussion à *ces écologistes-là*.

Relisez ce passage qui, moi, me laisse pantois et sans voix :
Et si vous décidez de nous laisser tomber, je vous le dis : nous ne vous pardonnerons jamais ! Nous ne vous laisserons pas vous en sortir. Nous mettons une limite, ici et maintenant : le monde se réveille et le changement arrive, que cela vous plaise ou non.

Greta Thunberg fait des affirmations brutales et stupéfiantes pourtant sans fondement. Comment peut-elle écrire ceci : *Vous avez volé mes rêves et ma jeunesse avec vos mots creux* qui n'est qu'un slogan vide de sens. Quels rêves ? Et en quoi ses rêves à elle devraient-il être servis par la politique en général ? Représente-t-elle l'être suprême ? C'est inimaginable d'égocentrisme et fatuité. Les mots ont justement un sens et les politiques, les industriels, les individus dans leur particularité et leur ensemble, les associations n'ont pas émis des mots creux. Ils ont agi par les lois, les modifications des systèmes de production, par les économies d'énergie, par les taxes, le développement des énergies renouvelables etc. C'est en plus faux car son avenir à elle et à ses enfants, si elle en a, ne sera pas perturbé comme elle l'affirme et même dans le cas des projections les plus pessimistes, même si la terre entière est touchée par un réchauffement climatique important tout le monde ne sera pas logé à la même enseigne. Le propre d'un slogan est d'être percutant et de simplifier à l'extrême et la plupart du temps faire paraître pour une vérité, car inconsciemment compris, ce qui n'est qu'une vérité partielle, partiale et parfois fausse à long terme. Et bien sûr que je comprends que cette personnalisation inclut aussi les autres. Cependant elle s'érige en porte parole universelle alors qu'il se peut que nombre de jeunes de son âge ne partagent pas sa vue, ni ses rêves, ni son combat. Pour terminer il est quand même extravagant que son discours a pour source les études du GIEC et que ce même organisme a été créé en 1988 (il y a donc plus de 30 ans) par les Occidentaux pour se préoccuper du climat ce qui est une preuve en soi d'action et donc non d'inaction. Bien sûr, on lit aussi que sa création n'avait qu'un but politique qui serait de lutter contre les grèves dans les mines de charbon à l'époque de Margaret Tatcher et favoriser le nucléaire. Que ce soit vrai ou non importe peu, le GIEC a été constitué, a inondé le monde de ses observations et alarmes, et est constitué de 195 membres et financé par eux (sauf les USA qui se sont retirés du financement depuis l'arrivée de Donald Trump). Ce discours de Greta Thunberg est le prototype de l'oxymore.

Il est temps de mettre certaines choses au point. Je ne suis pas « climato-sceptique ». Je partage cette dualité, je l'espère avec d'autres, d'être attentiste dans le sens où je voudrais savoir ce que les dix prochaines années nous révèleront et favorable, sans la moindre réticence, à agir pour diminuer la pollution, les émissions de micro-particules, transférer le maximum possible vers les énergies les moins polluantes, réduire le plus intelligemment possible toutes les consommations dommageables. Tout ceci dans le dialogue, l'esprit ouvert, une vue globale et non seulement orientée dans un sens et parcellaire, la non diabolisation, les aspects négatifs, positifs, incertains de l'évolution du climat. Je fais partie de ceux qui considère la science comme quelque chose de sérieux et qui constate qu'elle est détournée et qu'il y a des escrocs de tous bords dans un camp et dans l'autre. Il est du reste amusant que *ces écologistes-là* accusent (sans doute avec fondement certaines fois) ceux qui ne pensent pas comme eux d'être financés par des lobbies des affreux industriels et pilleurs, alors qu'eux-mêmes sont d'autant plus financés (et indirectement par tous les affreux qui payent des taxes et impôts et même comme Total directement) qu'ils crient de plus en plus fort au catastrophisme comme s'il y avait une corrélation exacte entre plus ils sont pessimistes plus ils sont financés et plus ils ont intérêt à crier au loup et ce d'autant plus que l'environnement médiatique et politique leur est très favorable par lâcheté, pour ne pas être diabolisé, par conviction aussi. Toute association qui voudra faire du bio, de la lutte contre le réchauffement climatique trouvera beaucoup plus facilement des financements locaux, régionaux, nationaux et internationaux que si vous voulez lancer un club de modélisme. L'ambiance générale est prégnante, favorable à *ces écologistes-là* alors qu'ils développent un climat (sans mauvais jeu de mots) à tendance soviétique. Ce que je veux dire par là, et je ne parle absolument pas des camps d'extermination, ni de goulags ni toutes les atrocités connexes de ce régime, je parle d'une sorte d'état d'esprit où l'idéologie sectaire l'emporte sur tout, qu'il n'y a pas de discussion qu'il n'y a qu'une vérité et que tous ceux qui mettent en doute une partie de cette vérité fondamentale sont immédiatement diabolisés, considérés comme ennemis mortels et traités comme tel dans la sphère publique. Il leur suffit de dire que vous êtes un climato-sceptique pour que vous soyez étiquetés réactionnaire, à droite, défenseur des nantis, destructeurs de la nature, inconscient, criminel. Et là, pas de discussion. Vous êtes comme d'autres ont été les ennemis du peuple. C'est *Comment osez-vous !* Vous êtes placé devant un tribunal sans avocat pour vous défendre, condamné parce qu'accusé. Cet état d'esprit est un état d'esprit totalitaire.

Si vous connaissez les fondements des complotistes, dont ce qu'on appelle les « thruters » du 11 septembre sont un modèle du genre, vous repérerez leur technique. Une d'entre elle est de dire qu'ils ne nient pas un fait mais se posent des questions et disent qu'ils ne veulent finalement que la vérité. Le fait est établi sans aucune contestation possible, mais cela leur importe peu. Ils continuent à utiliser ce stratagème de dire qu'ils ne veulent que la vérité (ce qui est louable en soi et diablement efficace auprès de la population) ce qui est inepte pour un esprit bien solide quand la vérité est là sous les yeux, mais est une porte ouverte à la contestation dans laquelle s'engouffrent tous ceux qui pensent qu'il y a toujours quelque chose de cachée. Ensuite chaque fois que vous démontez un argument par des faits incontournables, soit ils trouvent une nouvelle théorie aussi fumeuse que la précédente, soit ils dévient vers un autre fait qu'ils contestent et ainsi de suite jusqu'à revenir au premier fait etc. C'est sans fin. En gros il y a deux catégories de complotistes ceux qui ont ça ancré en eux et ceux qui en tirent un énorme profit sachant qu'ils mentent éhontément. Aussi, ils communiquent des listes de soit-disant personnalités qui d'une part paraissent nombreuses mais en regard de l'ensemble du monde scientifique ne sont qu'une infime, nanoscopique partie et d'autre part nombre de ceux qui figurent sur ces listes ne sont spécialistes en rien et surtout en rien qui concerne le sujet. Pourquoi diable parler de complotistes ? Serait-ce pour en accuser *ces écologistes-*

là de complotisme ? Certes non. C'est au contraire, si l'on peut dire, pour m'en dédouaner. En réalité je souhaiterais pouvoir entendre en face à face les arguments des uns et des autres et me faire mon opinion. D'un côté il y a les prêtres du réchauffement climatiques, le GIEC et de l'autre une espèce de nébuleuse de ce que l'on appelle les climato-sceptiques avec ceux qui n'y croient pas, ceux qui pensent que la cause est ailleurs qu'anthropique, ceux qui mettent en doute le rôle du CO2, ceux qui s'appellent eux-mêmes les climato-réalistes etc. Ce qui m'agace profondément c'est justement de ne pas avoir de réponses autre que des anathèmes à des questions qui sont posées. Je voudrais me faire mon opinion en écoutant les arguments et les contre arguments. Prenons un exemple simple. Il y a, je crois, beaucoup plus d'une centaine de simulations différentes de réchauffement climatique. On voit des graphiques qui nous expliquent que le réchauffement constaté est inférieur à chacune des différentes prévisions antérieures. Donc ceci ne nie pas le réchauffement mais met en cause ces prévisions. En réponse à cela les supporters du GIEC nous disent que les nouveaux algorithmes tiennent compte de cette constatation. Ce qui pose quand même une question qui est que si les politiques se fondent sur les prévisions que se passe-t-il si elles sont fausses ? Et ce qui les oblige à un aveu gênant : la non fiabilité de leurs modèles et de là une interrogation pour la suite. Cette surestimation des modèles a été confirmée par, entre autres Benjamin D. Santer (un des plus éminents et actifs membres du GIEC et fervent défenseur de la participation anthropique dans l'émission de CO2) dans une article publié le 19 juin 2017 par *Nature Geoscience* qui dépend de la prestigieuse revue *Nature* (https://www.nature.com/articles/ngeo2973) : « We conclude that model overestimation of tropospheric warming in the early twenty-first century is partly due to systematic deficiencies in some of the post-2000 external forcings used in the model simulations. » *Nous concluons que la surestimation par les modèles du réchauffement de la troposphère au début du XXIe siècle est en partie due aux déficiences systématiques de certains des forçages externes postérieurs à 2000 utilisés dans les simulations des modèles.* Ceci veut dire que pendant les 15 premières années du XXIè siècle les températures observées ont été inférieures à celles prévues par les modèles. Que penser donc des discours antérieurs et pendant ces années qui annonçaient des prévisions erronées et surestimées ? Et cette déclaration vient d'un croyant convaincu du réchauffement climatique à origine majoritairement anthropique.

On pourrait comparer ce qui va suivre à une technique similaire à celles décrites plus haut et mises en œuvre par les complotistes (et je serais donc un Machiavel plutôt retors en déminant le terrain) à de très grosses différences près. Lorsque les tours jumelles du World Trade Center se sont effondrées, il n' y a eu aucun doute que la cause en a été la percussion de celles-ci par des avions de ligne aux réservoirs pleins de carburant. Tout le monde l'a vu et les enquêtes l'ont prouvé. Pour le climat il y a donc de notables différences. L'étude du climat est imprécise, extrêmement complexe, les variables sont innombrables et les repères changeants. Non seulement analyser une température alors que l'air est par définition volatile, mais aussi se référer au passé alors que les technique de mesures, les lieux de mesures, les environnements n'ont rien de commun avec ce qui se fait aujourd'hui est hasardeux en soi. Une autre différence majeure est que je suis pour appliquer le principe de précaution et favorable à une politique aussi forte que possible afin de diminuer la pollution, la consommation énergétique. De l'autre côté, *ces écologistes-là*, il n'y a ni place à la nuance, ni à la discussion, ni au doute : le réchauffement climatique est certain (sans doute), il est dû aux émissions de CO2 (non certain) et l'industriel occidental et tous les capitalistes de la terre sont d'immondes salopards égoïstes et responsables de tout à cause de sa part anthropique (selon certains pas si élevée que dite). Ils sont prêts à tuer père et mère pour faire grossir leur matelas de dollars. Le jugement de *ces écologistes-là* est sans nuance. Accessoirement ils ont une autre cible : le nucléaire.

L'attitude dogmatique et totalitaire a des répercutions. Outre une espèce de terrorisme politique qui s'instaure ils ne laissent pas le temps de confirmer certaines théories et agissent et font agir de telles sorte que l'on se rendra compte peut-être un jour des dégâts dont ils auront été responsables, des dégâts contre la nature, contre l'homme (ça c'est semble-t-il leur dernier souci), il ne l'est que pour servir de point d'appui émotionnel.

Si je veux attendre dix ans (mais non sans action par principe de précaution) c'est pour que nous ayons la confirmation ou l'infirmation des théories du GIEC ou plutôt celles qui sont adroitement diffusées alors que celles qui ne placent pas à *ces écologistes-là* sont occultées. Des incertitudes sont transformées en certitudes. On remarque de plus en plus que de nombreux scientifiques, dont certains au départ convaincus du caractère essentiellement anthropique du réchauffement climatique, changent de camp. On peut toujours leur faire le procès de la trahison et d'être financés par les lobbies. Pour le financement c'est une accusation boomerang. Non seulement les associations écologistes tirent un profit financier des alarmes « catastrophistes » mais également toute ce que l'on peut appeler l'industrie verte, bio, d'énergie renouvelable. Et évidemment le GIEC.

Avez-vous déjà observé une éruption solaire, une gigantesque langue de feu qui apparaît à la surface du soleil ? Voici quelques données :
- le soleil c'est 696 342 km de rayon, 1,412 X 10^{18} km^3 de volume température plus de 5 000° C à la surface 17 millions de K au centre et de 5 millions à la couronne.
- la terre c'est 6 357 km de rayon soit moins de 1/1 000 et un volume de 1,083 X 10^{12} km^3 soit moins d'un millionième.

Si vous regardez cette langue de feu vous vous rendez compte que le volume, la taille et la puissance sont tout simplement gigantesques en regard de ce que représente la terre. Ceci impose de laisser la porte ouverte à la possibilité que ce réchauffement climatique ait pour origine l'activité solaire. Certaines théories veulent que l'effet de serre, compte tenue des contraintes physiques est de toutes façons saturé. L'explication est simple. Son effet serait dû à l'absorption et ré-émission des infrarouges. Pour comparer prenons l'image d'un fusil qui tire une balle sur une planche de bois. Si cette dernière est fine, elle est traversée. Lorsque l'épaisseur est suffisante la balle reste fichée dans le bois. La distance entre la surface de la planche et là où se trouve la balle ne dépendra que de la vitesse de propagation de la balle, de son poids et de sa forme. Avec le même bois, le même type de balle et le même fusil, chaque balle s'enfoncera exactement de la même profondeur. Si vous dépassez l'épaisseur minimale de la planche quelle que soit l'épaisseur surabondante la balle restera au même point. D'ajouter de l'épaisseur ne changera rien : c'est la saturation. Il faut noter qu'au Carbonifère le taux de CO_2 était 25 fois supérieur à celui de nos jours sans effets démonstratifs de réchauffement, justement dû à l'effet de saturation. En gros c'était il y a 300 millions d'années une température moyenne de 25 ° et 9 000 ppm de CO_2. Une fois que le taux de CO_2 est atteint pour absorber ré-émettre tous le rayonnement infrarouge provenant de la terre, l'augmentation de son taux ne changera rien quant à l'effet de serre. En somme ce ne serait pas parce qu'il y aurait plus d'effet de serre, mais parce qu'il y aurait plus d'apport d'énergie qui serait responsable de ce réchauffement. Afin que vous fassiez vous-mêmes votre opinion voici un lien (https://gidmoz.wordpress.com/ 2013/10/24/saturation-de-leffet-de-serre-du-co2/) qui donne toutes les explications et dans les commentaires (ce qui est fort intéressant) les contradicteurs s'expriment.

Il y a d'autres aspects gênants dans la théorie du CO_2 principal responsable de l'effet de serre. On pose qu'alors l'effet majeur provient de la vapeur d'eau, on nous dit qu'il ne faut pas en tenir compte car l'homme n'étant pas responsable de son existence (essentiellement la respiration des forêts et l'évaporation) l'augmentation de l'effet de serre ne peut venir de là mais qu'il l'est pour les émissions de CO2. Et il y a, à partir de là, une étrange théorie : l'augmentation du CO2 d'origine anthropique entraîne une augmentation de la température qui entraîne une augmentation de la vaporisation de l'eau et donc de l'effet de serre. Effet rétroactif positif. Ce n'est pas que ce soit aussi troublant que de la poule ou de l'œuf qui est le premier, c'est que surtout c'est absurde. On ne peut distinguer dans l'effet de serre un effet catalyseur de ce type. De plus le CO2 n'est en interaction qu'avec une certaine longueur d'onde d'infrarouge. De ce fait il ne peut ré-émettre que cette longueur d'onde statistiquement moins de 50 % vers la terre (le reste part dans l'espace et plus le CO2 plus haut plus il en part dans l'espace (le cône de projection vers la terre s'amenuise) jusqu'à ce qu'il rencontre une autre molécule de C02 et ainsi de suite) qui a son tour ne peut lui envoyer que cette longueur d'onde et donc n'a aucune influence sur l'eau dont la capacité de ré-émissions concerne deux autres longueurs d'onde. Pour comparer plus simplement ce serait comme si vous faisiez un gâteau composé de beurre, de farine, de sucre, d'œufs et d'un peu de sel, et le mettait à cuire ce serait le sel qui causerait en étant chauffé le premier, indépendamment des autres constituants, la cuisson du reste. Personne au monde n'accepterait cette explication, pourtant celle du CO2 catalyseur temporel de l'effet de serre est accepté. Pour faire entrer la théorie avec un chausse pied on ajoute que la durée d'existence du C02 dans l'atmosphère serait de 100 ans. Outre que c'est difficile à prouver, il semblerait que ce serait 5 ans et non 100. Par ailleurs la teneur de CO2 dans le passé bien plus élevé qu'aujourd'hui n'ont pas les incidences sur la température de la terre. De même les courbes d'augmentations de CO2 ne sont pas en adéquation avec l'augmentation de la température.

Il y a d'autres théories qui expliqueraient le réchauffement climatique en passant par l'effet ponctuel de El Niño mais aussi ce que l'on appelle la théorie de Milankovic. Cette théorie regroupe trois facteurs qui influencent le climat :

- l'inclinaison de l'axe de la terre cette inclinaison (aujourd'hui de 23,26°) varie entre 21,9 et 24,5°. Selon l'inclinaison la chaleur transmise n'a pas la même incidence
- l'excentricité de la trajectoire de la terre qui peut varier d'un cercle presque parfait à une ellipse allongée. On imagine que plus la terre est loin moins il y a d'énergie qui lui arrive et inversement
- la précession. Ce terme indique qui si la terre tourne sur elle-même elle le fait comme une toupie et là encore la distance au soleil va varier.

C'est donc la combinaison de ces paramètres qui expliquent les périodes glacières avec, entre, des cycles intermédiaires.

Cette théorie aurait été confirmée en 2018 par des carottages dans le parc national de la forêt pétrifiée de l'Arizona.

Parmi toutes les théories il y en encore une autre qui parle d'oscillation harmonique. Cette théorie tient compte de l'effet de l'attraction des diverses planètes du systèmes solaire, de la lune et du soleil, de la variation de leurs trajectoires. Cette théorie a été développée puis confirmée (selon eux) par Nicola Scafetta (le théoricien) de l'université Frédéric II de Naples (Département des sciences de la terre, environnement et Géosources) et Observatoire météorologique, Alberto Mirandola université de Padoue (ingénierie industrielle) et Antonio Bianchini université de Padoue (département de physique et d'astronomie) et observatoire astronomique. Son modèle collerait parfaitement aux observations des variations de température. Faites-vous, vous-mêmes, votre opinion : http://www.iieta.org/sites/default/files/Journals/IJHT/35.Sp01_03.pdf

Enfin une dernière pour la route. Cette théorie traite du phénomène de création des nuages, nuages qui ont un rôle éminent dans le climat. Il s'agit de l'intervention des radiations cosmiques, solaires et d'ionisation. Il s'agit de la Théorie de Svenmark. Par souci d'honnêteté j'ai cherché des contradicteurs à cette théorie et en voici un, Olivier Berruyer, le 20 novembre 2011 avec le lien concerné : https://www.les-crises.fr/climat-18-l-imposture-svensmark/. Comme lorsque vous lisez un livre, il est toujours intéressant de regarder la date d'écriture et de publication. En effet entre temps depuis cette édition des faits nouveaux ont pu apparaître, le contexte et les connaissances de l'époque peuvent vous faire comprendre pourquoi ceci ou ceci a été écrit ou affirmé. Vous vous ferez donc une idée par vous-mêmes des arguments du contradicteur. Il met, bien évidemment en cause, non seulement la théorie mais l'honnêteté du scientifique (des scientifiques) et se sert aussi d'un argument comme quoi l'auteur de la théorie est danois et qu'ils ont du pétrole. C'est un argument qui peut être recevable mais qui est surtout assez minable car Gore est états-unien et les USA sont peu favorables aux théories développées par Gore. Ce contradicteur n'explique pas pourquoi les courbes qu'il crée lui-même déclinent de façon totalement illogique. Peu importe, ce sujet est complexe (et un peu trop pour moi), cependant une étude du CERN nommée *Cloud* a pris quatre ans et fait dépenser des sommes colossales, publiée en 2017, donc après l'énoncé de la théorie et l'argumentaire de ce contradicteur a prouvé le bien fondé de la théorie. Vous trouverez ici un autre lien qui vous en dit plus : https://fr.sott.net/article/33675-Les-non-dits-de-l-experimentation-Cloud-du-CERN dont voici des extraits significatifs :

Sans surprises cette publication n'a pas été relayée par la presse française, à l'exception de Sciences et Vie *qui titrait le 27 décembre : « Des chercheurs viennent d'exhumer un processus inconnu jusqu'ici de formation de nuages à partir du rayonnement cosmique. Il devrait être intégré aux modèles climatiques. »*

2014 : l'expérience CLOUD « éclaire sur la formation des nuages »

Un communiqué de presse du CERN du 16 mai 2014 annonçait qu'une « expérience éclaire la formation des nuages. » Selon ce communiqué, les vapeurs biogènes émises par les arbres et oxydées dans l'atmosphère jouent un rôle important dans la formation des nuages contribuant ainsi au refroidissement de la planète, et que cela pourrait expliquer en grande partie la naissance des nuages dans la basse atmosphère. Ces résultats ont fait l'objet d'une publication dans la revue Nature. Pour Jasper Kirkby, « C'est un résultat très important, car il identifie un ingrédient clé responsable de la formation de nouvelles particules d'aérosol dans une grande partie de l'atmosphère. Or les aérosols, avec leur influence sur les nuages, ont été reconnus par le GIEC (Groupe d'experts intergouvernemental sur l'évolution du climat) comme la plus grande source d'incertitudes dans les modèles climatiques actuel. »

2016 : l'expérience CLOUD « éclaire sur le climat préindustriel »

Le 25 mai 2016 un nouveau communiqué de presse du CERN intitulé « de nouveaux résultats de CLOUD sur le climat préindustriel » indiquait que les ions issus des rayons cosmiques galactiques augmentent fortement le taux de production de particules biogènes pures (d'un facteur de 10 à 100). Cette observation laisse penser que le rôle des rayons cosmiques dans la formation des aérosols et des nuages a peut-être été plus important pendant l'ère préindustrielle que dans l'atmosphère polluée d'aujourd'hui.

Jasper Kirkby indique que « ces résultats sont, jusqu'ici, les plus importants réalisés par l'expérience CLOUD. Le fait d'inclure la nucléation et la croissance de particules d'aérosols biogènes purs dans les modèles climatiques pourrait affiner notre compréhension de l'impact des activités humaines sur les nuages et le climat ». Ces résultats ont été détaillés dans deux articles publiés dans la revue Nature, puis dans Science.

Le terme « biogène » concerne ce qui vivant et naturel (faune et flore, végétation) sans être anthropique. Le CERN est un organisme scientifique à la réputation irréprochable et il sera difficile de mettre en doute son honnêteté scientifique pas plus que de lui coller une étiquette de climato-sceptique. De plus les deux revues *Nature* et *Science* à comité de lecture scientifique et au sérieux reconnu publiant ces communications, cela plaide pour la véracité des informations.

En cherchant j'ai trouvé cette perle (pas dans le sens où ce serait une bêtise sans nom, vous comprendrez vite pourquoi). Selon vous, de quand date cette déclaration ? :
Une évolution remarquable du climat, [...], a pris naissance dans les régions circum-polaires où la sévérité des froidures qui dans les siècle passés ont enfermé les mers des hautes latitudes nord dans une barrière impénétrable de glace, se sont grandement atténuées au cours des deux dernières années 36.000 kilomètres carrés de glace dont les mers du Groenland étaient couvertes entre les latitudes 74° et 80°N (approximativement au NNE de Jan Mayen) ont entièrement disparu dans le courant des deux dernières années.
Les inondations qui, pendant tout l'été, ont recouvert toutes les régions allemandes où les rivières prennent leurs sources dans les neiges des montagnes, constituent une preuve évidente qu'un réchauffement est apparu...

Ce texte provient d'une lettre de l'honorable Président de la Royal Society à l'Amirauté anglaise pour lui recommander d'envoyer un navire dans l'arctique pour en savoir plus sur ces évolutions dramatiques a été écrit - tenez-vous bien - en novembre 1817. J'ai un peu triché dans le début du texte car j'ai transformé la surface qui était en lieues carrées par des km2 (2 000 lieues carrées), et j'ai sucré cette expression, entre virgules, : *encore inexplicable*, sinon vous auriez eu la puce à l'oreille, mais les plus sagaces d'entre vous auront repéré, quand même, au ton général du texte que celui-ci n'avait pas été écrit récemment. Quoiqu'il en soit ce texte, auquel ne se réfèrent pas les scientifiques du GIEC, apporte une preuve qu'à cette époque, aussi, sans CO2 d'origine anthropique, un réchauffement climatique désastreux s'annonçait. Du moins selon l'honorable président de cette Royal Society anglaise.

En revanche ce qui n'est pas très objectif et vous le remarquerez que toutes les courbes des tenants de l'homme responsable de tout, sont soit sur des périodes courtes avec des ordonnées qui visuellement montrent des variations énormes pour en réalité des dixièmes de degré, soit débutent en 1880 refusant de se référer à des périodes plus longues ou beaucoup plus longues.

Les théories décrites plus haut ne nient pas le réchauffement climatique mais mettent en cause la prépondérance de l'activité humaine dans ses causes.

Enfin - et ceci est récent et parfaitement consultable, et je n'ai pas entendu de justification jusqu'alors - comment expliquer que les émissions de CO2 de 2019 ont été stables alors que l'on annonce que 2019 fut l'une des années les plus chaudes depuis la fin du XIXè siècle (tiens disons 1880), depuis que l'on fait des mesures. La corrélation aurait voulu que les émissions de CO2 aient augmenté. Et ce que j'écris là ne provient pas de théorie de climato-sceptiques, ni de savants vendus aux entreprises énergivores, ceci est connu de tous et à la disposition publique de tous. C'est un simple constat : stagnation des émissions de CO2 et augmentation de la température.

Il y a une grande difficulté à discuter du réchauffement climatique car on en arrive à une guerre de religion. Ce qui est difficile en tout premier c'est son attitude personnel. Il faut se surveiller soi-même. On sait que nous avons tendance à ne rechercher que les informations qui confortent nos opinions. Il faut donc lutter contre cette tendance naturelle. C'est un travail permanent et ce n'est pas aisé. Il y a aussi l'écueil des slogans et des, comme par exemple, : *le doute est le début de la sagesse*. Non ni la certitude en tout, ni le doute en tout ne sont des marques de sagesse ou d'intelligence. Le doute peut être utile et favorable, comme il peut être destructeur. La certitude peut permettre d'avancer, d'aller au bout de son chemin mais devient un danger absolu quand cette certitude est fondée sur une erreur. Il faut donc naviguer ou plus exactement, selon les circonstances, douter ou être certain. Si vous doutez des lois de la pesanteur, je ne vous conseille pas d'essayer de vous envoler du haut de la tour Eiffel.

On a déjà parlé de Wikipedia. Cet organe de connaissance est tout autant fabuleux que dangereux. Il est dangereux car les informations y sont parfois déformées par ceux qui sont les plus actifs et motivés par une idéologie. Parfois c'est grossier, parfois c'est subtile. C'est subtile quand vous citez un fait incontestable mais que vous l'environnez d'éléments fins et peu visibles qui le remettent en cause. Les plus actifs sont les militants extrêmes (de gauche, de droite, écologistes farouches etc.). En écrivant ce livre j'ai été amené à vérifier nombre d'informations. Vous trouvez une théorie et par souci de vérité vous vous renseignez sur le site, l'auteur de l'article. Alors vous tombez sur un autre site qui vous déclare que ce site est d'extrême droite ou que cette information est fausse. Mais, en allant plus, loin vous vous rendez compte que ceux qui révèlent les turpitudes du site ou de l'auteur ont eux-mêmes engagés dans des sphères politiques où la vérité n'est qu'alternative. Enfin ce n'est pas parce que le site ou l'auteur de l'article lui-même est sulfureux que l'information est fausse. Que faire dans ce maquis ?

Greta Thunberg déclare sans ambages que le consensus scientifique est total et que l'on sait. Il y a, cependant, quelques petits problèmes avec cette affirmation. Certaines études nous disent que 90 % des scientifiques qui traitent du climat sont d'accord pour incriminer l'homme comme principale cause du réchauffement climatique. Cette première affirmation pose en fait deux problèmes. Le premier est que les analyses de ce chiffre sont contestées pour leur méthodologie et les biais introduits tant par les questions que par la base de référence. Par exemple ont jette le discrédit sur ceux qui ne sont pas d'accord en parlant de leur notoriété scientifique alors que ce qui doit être retenu, entre autres, ce sont leur honnêteté et la validité potentielle et la rigueur de leur théorie. Le second est tout simplement une question de date. Elles sont antérieures aux années 2016 et depuis il y a eu de nouvelles découvertes (températures moyennes inférieures aux prévisions, CERN etc.) qui font que ce consensus se délite. Ensuite dans une étude de 2009 (de Peter Doran et Maggie Zimmerman) donne une prééminence (82 %) des « anthropiques » pour 3 146 scientifiques qui ont répondu (premier biais car il se peut que ceux qui contestent sous le manteau n'ont pas forcément répondu, n'oublions pas que les laboratoires sont financés selon leurs travaux et que dans une ambiance globale où ceux qui s'opposent aux théories du GIEC sont violemment pris à partie il ne doit pas être facile de se faire entendre ou d'en prendre le risque, et peuvent tout aussi ne pas publier bien que convaincus), mais aussi (96,2 et 97,4 %) dans un échantillon très faible des spécialistes du climat (79), ce qui est un lourd biais permettant d'affirmer un taux très haut mais peu significatif statistiquement, et annonce que sur 103 géologues 53 % considèrent que l'activité humaine n'est pas la cause principale du réchauffement climatique. Il faut donc se poser la question de savoir pourquoi les géologues, qui étudient la terre, sa formation, son évolution et dont la climatologie est une des composantes, sont majoritairement (dans cette étude) opposés à la théorie du GIEC. Y a-t-il un rapport entre ce fait (de cette étude, il faut toujours le préciser) et celui que les courbes du GIEC commencent en 1880, comme si regarder le passé leur était interdit ou bien serait dommageable pour leurs théories ? Il y a beaucoup plus grave. Une étude de 2013 de Cook voudrait démontrer que 97 % des scientifiques font partie de ce consensus or comme vous pourrez le lire ici http://www.populartechnology.net/2013/05/97-study-falsely-classifies-scientists.html, des scientifiques ont été classés dans ces 97 % alors qu'en réalité ils ne valident pas les théories du GIEC. Selon un de ceux-ci, le taux ne serait que de 50 %. Ce qui serait très détestable c'est ceci, par exemple : le Dr Carlin (MIT) indique que l'on a repris une partie de ses analyses en ne prenant pas en compte ceci : *In brief, I argue that human activity may increase temperatures over what they would otherwise have been without human activity, but the effect is so minor that it is not worth serious consideration.* En gros il dit que l'activité humaine peut faire augmenter le CO2, mais que l'effet est si faible qu'on ne peut le prendre en considération. Cette étude prend donc une partie des conclusions, celle qui l'arrange, mais pas la seconde qui va à l'encontre du catastrophisme qui est nourri par la première partie. En conclusion les méthodes d'analyses se fondent à partir de résumés de certains articles (excluant ceux qui ne conviennent pas) et classant certains de ceux-ci, sans analyser le contenu de l'article, dans la bonne case alors que ceux qui les ont écrits ne les mettraient pas, eux les auteurs de ces publications, dans cette bonne case. Cette étude de Cook a fait couler beaucoup d'encre car elle a été très sérieusement remise en cause par des scientifiques majeurs. Par exemple car elle a introduit beaucoup de biais comme utiliser la confusion entre les termes de changement climatique et de réchauffement global anthropique. L'un étant pris pour l'autre. Cette étude de 2015 de Legates (https://www.wmbriggs.com/public/Legates.etal.2015.pdf) en démontre le mécanisme et surtout l'influence néfaste que cela a dans le cadre de l'enseignement sous le terme d'agnotologie qui permet de développer l'ignorance scientifique à partir de mésinformation (mauvaise information proche de la désinformation qui elle est active et volontaire), reprenant ainsi le faux pourcentage de 97 % des scientifiques font consensus autour des théories anthropiques du réchauffement climatique du GIEC alors que selon les critères reconnus du consensus on trouve 0,5 % qui cadre avec la définition. Ce qui est très grave c'est que non seulement, dans des études voulant prouver qu'il y a consensus, il y a des biais dans les questions, mais les pourcentages ne sont pas représentatifs puisqu'en réalité dans l'étude de Cook seulement 32,6 % des publications étudiées ont exprimé une opinion, mais en plus un site comme Wikipedia va considérer ces 97,1 % comme une vérité sans qu'il y ait une mise ne cause de ce pourcentage faux. On ne peut déduire un pourcentage de l'ensemble des scientifiques concernés à partir d'analyse de résumés dont seulement 32,6 % ont pu servir de base à donner un pourcentage de consensus. Mais cela va plus loin quand vous avez 1 350 articles qui ne sont pas d'accord et surtout une liste de 31 487 scientifiques qui ont signé une pétition aux USA pour s'opposer aux conclusions GIEC dont plus de 9 000 qui ont un titre de docteurs (à comparer aux seulement 3 146 qui ont servi à l'étude sur le consensus de Doran et Zimmerman - 1/3 des docteurs signants et 1/10 ème de tous ceux quoi ont signé cette pétition. La théorie à partir de cette étude de Doran et Zimmerman est-elle crédible en regard de ces chiffres ?). En juin 2008, 1 100 scientifiques dont des géologues, paléo-climatologues, mathématiciens, océanographes, géophysiciens biologistes, physiciens, statisticiens climatiques etc. ont signé un document contre l'*hystérie climatique*. Ainsi, lorsque l'on compare aux listes, dont une majorité est prise en otage car ne correspond pas à ce qu'on leur fait dire, est-il très difficile de parler de consensus. Vous avez ici un article qui traite des 1 350 articles qui ne sont pas d'accord avec les théories du GIEC : http://www.populartechnology.net/2009/10/peer-reviewed-papers-supporting.html. On peut mettre en doute leur honnêteté, on peut dire qu'ils sont inféodés à d'immondes financiers dont c'est l'intérêt (tout argument que l'on peut retourner aux soutiens du GIEC), ce n'est absolument pas l'essentiel. Cet article a le très grand avantage d'avoir en commentaires toutes les objections possibles contre sa crédibilité. Il y a les objections (la liste en est étourdissante) et les réponses tout ce qui vous permettra de vous faire votre opinion sur la validité de l'article. Je cite ces éléments non pour dire que le contenu des articles est juste, que ces scientifiques-là ont raison, mais parce qu'il particulièrement faux et malhonnête de parler de consensus. Cela fait penser aux prophétise auto-réalisatrices. Ici vous déclarez un consensus inexistant et ce consensus inexistant permet de confirmer vos assertions. En fait c'est plutôt une tautologie.

Quoiqu'il en soit nous avons vu que Santer (pro GIEC et théorie anthropique) en 2017 (donc après ces études) a été obligé de reconnaître que les températures mesurées étaient inférieures aux prédictions des modèles. On a vu qu'il s'agissait de plus de 130 modèles différents (et là on pourrait se dire que s'il y a un consensus alors il n'y a qu'un modèle et non 130 et plus. Ne soyons pas si mesquins et disons donc qu'ils sont d'accord sur la cause anthropique mais pas sur l'intégration algorithmique des diverses données), mais ce qui est plus intéressant c'est que ce consensus résumé par 130 modèles est donc un consensus sur un fait erroné : la projection par modèles des températures, projection fausse. Alors ce terme de consensus peut se retourner contre ceux qui l'utilisent puisque ce consensus donne un résultat faux et surestime le réchauffement climatique. C'est donc le consensus dans l'erreur des modèles.

On voit que les propagandes font rages tant pour les anthropiques, les « réchauffistes » que les anti-anthropiques, les meno-anthropiques (peu d'influence) que les « non-réchauffistes ». Ce qu'il y a de certain, c'est que *ces écologistes-là* usent de méthodes douteuses quant à l'honnêteté intellectuelle. Je voudrais vous donner quelques exemples. Pour eux il s'agit de métamorphoser une information vraie en information « catastrophiste » et fausse. Le premier concerne la disparition des espèces. Il semble que depuis le XVIè siècle 780 espèces sur 5 millions aient disparu (0,0156 %). Pour faire du catastrophisme on dit qu'il en disparaît une toute les minutes soit 26 280 par an et, qu'entre 1970 et 2012, 58 % des vertébrés ont disparu (*Le Monde*). Or il ne s'agit nullement des espèces mais des individus des espèces en voie d'extinction. Et si l'on peut être sensible à ces disparitions, l'information véhiculée est totalement erronée et de ce fait transforme une réalité en une autre qui, non seulement va horrifier les personnes, mais va transformer, par ce fait totalement faux, ces personnes en militantes agressives parfois et se retournant contre l'homme, espèce, finalement, à faire disparaître. Une autre nous dit que 70 % de la surface du Groenland a fondu. Il s'agit bien de 70 %, il s'agit bien du Groenland, il s'agit bien de fonte, mais ce n'est pas la calotte glacière qui a fondu dans sa totalité, mais en surface (en surface, vous voyez la différence) une petite épaisseur de glace a fondu. Ce qu'il faut retenir - et j'insiste là-dessus et j'insisterai encore s'il le faut - c'est qu'il ne s'agit pas pour moi de nier le réchauffement climatique, mais de se situer dans les faits tels qu'ils sont pour être au plus près possible de la réalité et d'agir en conséquence et non d'agiter la muleta pour faire croire ce qui n'est pas.

Je voudrais vous donner ici un élément de réflexion puisque l'on parle de consensus. Fin 2019, 500 personnalités ont décidé d'écrire une lettre ouverte à Borge Brende Président du Forum Économique (Davos) sous l'impulsion du géophysicien Guus Berkhout et du journaliste scientifique Marcel Crok (https://clintel.org/france-wcd/). Sur le site vous lirez les noms des signataires, signataires qui sont au jour de l'écriture de ces liens 821. Voici le texte :

Ce message urgent a été préparé par un réseau mondial de 700 scientifiques et professionnels. Les sciences du climat doivent être moins politisées, tandis que les politiques climatiques doivent s'inspirer davantage de la science. Les scientifiques doivent tenir clairement compte des incertitudes et des exagérations dans leurs prédictions de réchauffement climatique, tandis que les dirigeants politiques devraient évaluer de façon dépassionnée les coûts réels ainsi que les bénéfices projetés de leurs mesures.

Des facteurs naturels aussi bien qu'anthropiques causent le réchauffement

Les archives géologiques révèlent que le climat terrestre change depuis que la planète existe, avec des phases naturelles chaudes et froides. Le Petit Âge glaciaire n'ayant pris fin que vers 1850, il n'est pas surprenant que nous connaissions à présent une période de réchauffement.

Le réchauffement est beaucoup plus lent que prévu

Le monde s'est réchauffé à une vitesse moitié moindre que celle que le GIEC avait prévu en se fondant sur la modélisation du forçage anthropique et de l'équilibre radiatif. Cela nous indique que nous sommes encore loin de comprendre le changement climatique.

Les politiques climatiques s'appuient sur des modèles inadéquats

Les modèles présentent de nombreuses lacunes et ne constituent pas, même de loin, des outils valables pour une politique mondiale. Ils exagèrent l'influence des gaz à effet de serre tels que le CO2. De plus, ils ignorent le caractère positif d'une atmosphère enrichie en CO2.

Le CO2 est la nourriture des plantes, le fondement de toute vie sur Terre

Le CO2 n'est pas un polluant, il est en réalité essentiel à la vie sur Terre. La photosynthèse est un immense bienfait. Davantage de CO2 est un bénéfice net pour la nature, car celui-ci verdit la Terre. Le CO2 additionnel dans l'air a favorisé la croissance de la biomasse végétale à l'échelle globale. Il a également un effet positif sur l'agriculture, dont les rendements augmentent dans le monde entier.

Le réchauffement climatique n'a pas accru les catastrophes naturelles

Il n'y a aucune preuve statistique que le réchauffement climatique intensifierait les ouragans, les inondations, les sécheresses et autres catastrophes naturelles, ni qu'il les rendrait plus fréquentes. Il existe en revanche des preuves abondantes que les mesures de limitation des émissions de CO2 sont à la fois néfastes et coûteuses.

Les politiques climatiques doivent tenir compte des réalités scientifiques et économiques
Il n'y a pas d'urgence climatique. Il n'y a donc aucun fondement à la panique ou l'alarmisme. Nous nous opposons fermement aux projets à la fois néfastes et irréalistes qui viseraient à réduire à zéro les émissions de CO2 en 2050. À l'avenir, si la science crée de nouvelles connaissances et la technologie crée de nouvelles capacités, et elles le feront certainement, nous aurons amplement le temps d'actualiser nos politiques. L'objectif d'une politique globale doit être celui de la prospérité pour tous, grâce à une énergie fiable et bon marché. Ce n'est que dans une société prospère qu'hommes et femmes ont accès à une bonne instruction, que les taux de naissances sont modérés et que les gens prennent soin de leur environnement.

Au paravant cette même lettre avait été adressée au secrétaire général des Nations Unies dont voici la lettre ci-dessous traduite en français :

Professeur Guus Berkhout
Catsheuvel 93, 2517 KA La Haye
guus.berkhout@clintel.org
Le 23 septembre 2019.
S. António Guterres, Secrétaire général des Nations Unies,
Siège des Nations Unies,
New York, NY 10017, États-Unis d'Amérique.
Patricia Espinosa Cantellano, Secrétaire exécutive,
Convention-cadre des Nations Unies sur les changements climatiques,
Secrétariat de la CCNUCC, Campus des Nations Unies, Platz der Vereinten Nationen 1, 53113 Bonn, Allemagne.
Vos Excellences,
Il n'y a pas d'urgence climatique.

Un réseau mondial de plus de 500 scientifiques et professionnels expérimentés du climat et des domaines connexes a l'honneur d'adresser à Vos Excellences la Déclaration européenne sur le climat, jointe en annexe, dont les signataires de la présente lettre sont les ambassadeurs nationaux.

Les modèles de circulation générale du climat sur lesquels la politique internationale est actuellement fondée sont inadaptés. Il est donc cruel aussi bien qu'imprudent de préconiser le gaspillage de milliers de milliards de dollars sur la base des résultats de modèles aussi imparfaits. Les politiques climatiques actuelles affaiblissent inutilement le système économique, mettant des vies en danger dans les pays à qui est refusé l'accès à une énergie électrique permanente et bon marché.

Nous vous exhortons à suivre une politique climatique fondée sur une science solide, sur le réalisme économique et sur une attention réelle vis-à-vis de ceux qui sont frappés par des politiques d'atténuation coûteuses et inutiles.

Nous vous demandons d'inscrire cette Déclaration à l'ordre du jour de votre prochaine session à New York.

Nous vous invitons également à organiser avec nous début 2020 une réunion de haut niveau, constructive, entre des scientifiques de réputation mondiale des deux côtés du débat sur le climat. Cette réunion rendra effective l'application du juste et ancien principe, aussi bien de bonne science que de justice naturelle, selon lequel les deux parties doivent pouvoir être pleinement et équitablement entendues. Audiatur et altera pars !

Bien respectueusement,

821 signataires c'est plus que le nombre de ceux qui ont servi de base pour dire qu'il y a un consensus scientifique autour des théories anthropiques du GIEC. Faites-vous vous-mêmes votre opinion. La compétence de ces signataires ayant été remise en question vous trouverez ici la liste (incomplète) pour la France des premiers signataires parmi

lesquels des géologues, géographes, astrophysiciens, spécialistes du climat, mathématiciens, océanographes, géologies, géophysiciens, membre du CERN, agronomes, météorologues, enveronementalistes etc. : https://www.climato-realistes.fr/signataires-francais-de-la-declaration-climato-realiste-a-lonu/

Vous aurez remarqué dans ce combat de propagande d'un camp et de l'autre que les arguments sont labiles, contradictoires le tout bien décoré d'anathèmes. Par exemple si une température est particulièrement basse, Trump, ses amis, - au fait quand c'est Poutine qui dit la même chose et qu'il ne croit pas au réchauffement climatique (normal son pays est un de plus pollueurs et émetteurs de CO_2) on n'entend pas beaucoup *ces écologistes*-là hurler contre lui - et quelques fameux sceptiques vont crier à la victoire comme quoi, en fait le climat se refroidit et non se réchauffe, aussitôt contrés par leurs adversaires qui vont, en les méprisant souverainement, leur jeter à la figure que la météorologie, ce n'est pas le climat, et, comme l'hirondelle ne fait pas le printemps, une température basse ne fait pas le froid. OK. Mais alors pourquoi nous sortons-nous de l'autre côté de la banquise des titres comme quoi il fait 20 ° en Antarctique alors que c'est une température isolée, non encore validée, dans une île (Seymour) le 9 février 2 020. Outre le fait que des températures similaires sont déjà apparues, à la même période les températures relevées dans 17 points de l'Antarctique naviguent entre -41° et + 6°, que c'est l'été austral et enfin que cette île est soumise à de nombreuses influences qui interfèrent dans sa météo. Les titres généralisent et dans le temps et dans l'espace, une seule température trompant évidemment les lecteurs. Il y a un autre point qu'il faut soulever pour cette région et qui peut (ou non) avoir des influences ponctuelles sur les températures. Cet article du 18 août 2017 (https://www.maxisciences.com/volcan/plus-de-90-volcans-decouverts-caches-sous-la-glace-de-l-antarctique_art39799.html) nous révèlent qu'il y a 91 volcans sous l'Antarctique. On peut lire aussi ceci : « *La grande question est : à quel point ces volcans sont-ils actifs ? C'est ce que nous devons déterminer le plus rapidement possible », a confirmé le géologue. Toutefois, ce n'est pas le seul facteur à contrôler. En effet, Bingham a souligné que les activités volcaniques les plus intenses se situent au niveau des régions ayant récemment perdu leur couverture glaciaire à l'instar de l'Islande et l'Alaska.*

Ce combat, par publications révélées, articles, blogs est incessant sur Internet à nous donner le tournis. Et Internet avec comme phare éclairant l'ignorance, Wikipedia dont nous avons déjà parlé. L'affaire, en France, dite Griveaux, a mis en lumière un certain Juan Branco. Ce détour nous permet de comprendre comment cet outil qui est fabuleux par certains côtés, peut être totalement dévoyé. *Le Figaro*, lors d'une enquête fouillée a découvert que ce Juan Branco, sous diverses identités n'a eu de cesse d'embellir son curriculum vitae « wikipédiesque », mentant allègrement sur ses diplômes, supprimant ce qui était dérangeant pour lui. A la suite de cet article sa fiche a été enrichie justement de cet article. Ceci prouve que cette encyclopédie universelle n'est pas sûre ni certaine. Pour aller plus loin, il y a un article très intéressant du journal belge *Le Soir* par Geoffroy de Brabanter (assistant au département Sciences, Philosophies et Sociétés de l'UNamur). En voici deux longs extraits éclairants :
Cela fait un bon moment qu'un sentiment morose et pessimiste m'éprend chaque fois que je prends la peine de lire les débats d'opinions qui fleurissent sur les réseaux sociaux. La plupart du temps, je constate en effet que ce mode de discussion virtuel substitue systématiquement le débat d'idées aux formes les plus pernicieuses de rhétorique sophistique, vous savez, cet « art d'avoir toujours raison » qui ne lésine devant aucun moyen pour atteindre son objectif quitte à manipuler, tromper ou séduire. Entre les arguments d'autorité (« C'est l'expert qui l'a dit donc c'est vrai ! ») et les généralisations hâtives (« On a toujours le choix ! »), c'est peut-être la stratégie dite de « l'homme de paille » qui caractérise davantage les sophistes 2.0. Cette stratégie

consiste à construire un adversaire fictif en caricaturant les thèses à combattre de manière à les rendre plus facilement réfutables. C'est typiquement ce genre de mécanismes qui apparaît lorsque suite à un débat de société quelconque un individu lambda est taxé de « bobo », de « mouton » ou de « réactionnaire » – il s'agit en fait d'attaques ad hominem qui essentialisent un interlocuteur en l'identifiant à cette classe non désirable que forment les soi-disant « bobos », « moutons » ou « réactionnaires ».

En plus d'être généralement violents et bourrés de certitudes infondées, ces types d'arguments ne permettent jamais de trouver une solution au problème de fond qui est en jeu dans la discussion. Quand on sait que ces joutes verbales véhiculent un entrelacs complexe de valeurs et de ressentis multiples, seule une attitude critique capable de mettre au jour les concepts qui sous-tendent nos opinions peut être en mesure de nous faire progresser sur ces sujets épineux. Mais cette attitude dite « philosophique » qui identifie, questionne puis déconstruit la kyrielle de concepts que nous mobilisons quotidiennement – la plupart du temps de manière contradictoire – devra nécessairement passer par une discussion réelle, « en chair et en os », définie et encadrée. C'est pourquoi j'ose affirmer que les débats virtuels sont majoritairement inutiles et contre-productifs.[…]

Et c'est bien là où le bât blesse : en soutenant vaille que vaille qu'ils détiennent la vérité, les individus qui participent au débat virtuel ne cherchent généralement plus à convaincre leurs interlocuteurs à travers le raisonnement logique, mais bien à les persuader en les amenant à croire ce qu'ils veulent qu'ils croient. Comme nous l'avons dit précédemment, ce phénomène s'accompagne souvent d'attaques verbales virulentes ou d'attitudes condescendantes qui forceront dès lors la plupart des individus à réagir sur le même mode d'expression. Des notions de psychologie élémentaire nous apprennent en effet qu'une personne attaquée de la sorte, plutôt que de changer de point de vue, optera probablement à son tour pour une réplique offensive. Rajoutons que même le commentaire se voulant le plus neutre possible risque *d'être mal interprété par la communauté virtuelle étant donné que celle-ci n'a pas accès au surplus de sens qu'amène habituellement le comportement non verbal dans la discussion réelle. Le risque encouru par cette escalade rhétorique où la raison brille par son absence est dès lors la radicalisation des deux positions qui s'affrontent, là où une écoute mutuelle sans jugement a priori révélerait bien plus de points communs qu'on ne le pense entre des individus que tout semble opposer.*

Cette radicalisation on la lit tous les jours sous chaque article, dans les débats. Et quand les quelques 800 scientifiques demandent de se réunir, non les même tenants des mêmes théories entre eux, mais entre opposants à ces théories afin de discuter, la pression ambiante, le terrorisme politico-intellectuel de *ces écologistes-là* sont tels que j'ai bien peur que ce ne soit qu'une lettre morte, pourtant de bon sens.

Ce qui est assez perturbant c'est que des écologistes défenseurs bec et ongles de la biodiversité, de la cause animale sauvage, de la lutte contre la disparition des espèces vont accepter sans sourciller que des implantations d'éoliennes, outre le bruit, l'illumination nocturne, la propagation d'ondes électro-magnétiques (pourtant un de leurs combats) et d'infra-sons (où sont les électro-sensibles qui sursautent dès qu'ils voient un téléphone portable ?), dans des lieux historiques, écologiquement fragiles, vont tout accepter car il s'agit d'éoliennes là où il feront des manifestations, parfois violentes, longues et durables, pour détourner une route afin de sauver trois grenouilles. On le sait les éoliennes massacrent les oiseaux, y compris ceux qui sont en voie d'extinction, les chauve-souris. Plus tard je reviendrai sur ces éoliennes. De même ils crient contre l'élevage, contre la viande, mais acceptent des champs entiers de panneaux solaires, surfaces tout autant prise à l'agriculture et d'autant qu'il faut que l'ensoleillement soit le plus élevé possible, donc des orientations favorables à la culture. Restons dans les contradictions. Il serait à se tordre de rire, si ce n'était pas à mépriser, c'est d'accepter leurs arguments, les arguments de *ces écologistes-là*, qui haïssent le monde occidental, libéral et capitaliste (bien que cette notion de capitalisme est absolument un non sens tant les politiques sont diverses et le mode de fonctionnement de l'économie ne se résume absolument pas au capitalisme pur et dur), et qui ne cessent de clamer que ce monde veut la destruction de notre monde, (et de celui de Greta Thunberg) pour s'enrichir et accumuler les montagnes de dollars. Pour ce faire ils ont des lobbies. Passons à côté du fait que, pour le moins, certaines des multinationales ont des vues à long terme et que de tuer ses clients c'est se tuer soi-même, *ces écologistes-là* semblent ne pas voir que c'est ce même monde capitaliste qui fabrique, vend, implante les éoliennes, les panneaux solaires, les centrales à charbon, à gaz et que pour cela ce monde capitaliste-là cherche tout autant la rentabilité, ce que l'on appelle la *green finance*, qu'il utilise des lobbies, dont l'intérêt est d'affoler les foules pour vendre plus d'éoliennes, plus de centrales à charbon, à gaz, plus de panneaux solaires, que c'est d'importance vitale pour les mines de charbon de vendre plus et encore du charbon une des matières premières les plus polluantes tant à extraire avec son contingent gigantesque de morts de malades, que ses émissions de CO2 et de microparticules, et d'augmentation anthropique de l'effet de serre etc. N'est-ce pas que c'est affolant ? Comment peuvent-ils vivre cette contradiction ? Et en ce qui concerne la France ce sont des importations massives d'Allemagne et de Chine, pour l'Allemagne, de Chine mais aussi de Russie pour le gaz rendant ce pays dépendant d'un pays dont une des activités majeure est de déstabiliser l'Occident. Et ces green financiers (green étant une sorte d'étendard bien faux quand il s'agit de charbon et même de gaz) ont des structures de lobby perfectionnées et puissantes. D'un côté ce qui est appelé le green washing (un peu la même accusation contre la bourgeoise qui ne peut qu'être généreuse que par culpabilité et pour se dédouaner) est condamné car moralement, selon eux, condamnable mais cette green finance, sans en avoir l'air, est mis indirectement au pinacle car on évite tout simplement de s'en rendre compte qu'elle a un objectif financier et, peut-être, avant tout financier, l'écologie n'étant finalement qu'un habillage, un nouveau filon qui a en plus l'avantage d'être soutenu financièrement par les pouvoirs publics et honoré par la foule.

Vous ne pouvez pas être passés à côté de la tragédie des feux en Australie. Là aussi un combat s'est engagé, violent lui également. La surface brûlée étant très importante (18 millions d'hectares) certains « sceptiques » sont allés voir ce qu'il s'est passé les années antérieures et ont débusqué qu'en 1974-75 ce ne sont pas moins de 117 millions d'hectares qui ont brûlé. *Le Monde* a fait un article fort intéressant le 17 janvier 2020 voulant démontrer que, malgré le rapport de 1 à 6 en « faveur » des feux des années 1970, ceux de 2019-20 sont beaucoup plus graves. Les arguments sont à entendre. Les feux du passé ont essentiellement brûlé des broussailles, donc moins de combustible, les récents des forêts. Des arguments plus spécieux concernent l'aspect culturel comme si 117 millions d'hectares partis en fumée ne pouvait avoir aucune conséquence culturelle. Dans cet article deux éléments doivent aiguiser notre réflexion. Deux photos nous montrent cette brousse, donc sans importance, où il y a cependant, malgré tout, des arbres, l'article nous certifiant pourtant que dans ces années-là 97 % de la surface n'étaient que broussailles. Le second élément que sur les 18 millions d'hectares partis en fumée récemment, il y en avait 5 en Galles du Sud à opposer aux 3,5 des années des 117 millions d'hectares. *Le Monde*, à sa détestable habitude, utilise le terme de *les spécialistes*, en lieu et place de *des spécialistes*, car il y en a d'autres qui ne pensent pas la même chose. En plus ces spécialistes affirment, selon *Le Monde*, donc que les feux de plus de 110 millions d'hectares ont eu un effet quasi nul, tout en ajoutant par ailleurs qu'il a fallu cinq ans pour reconstituer la végétation. Légère contradiction. L'argument trop évident que 117 millions, étant 6 fois 18 millions, c'est forcément plus grave peut être combattu de façon qui peut

être entendu par les explications *du Monde* que la nature des zones brûlées n'est pas la même. Il y a une sorte de combat macabre à savoir qu'en 2019-20 il y a eu plus de morts qu'en 74-75. Mais en 25-26 il y en a plus (60), en 38-39 il y a eu 71 personnes tuées et 3.700 maisons détruites, la température moyenne a dépassé 38° pendant 37 jours consécutifs à Bourke, il a fait 45,6° à Melbourne, 46,1° à Adélaïde et 49,7° à Menindee ! L'état de Victoria a vu 2 millions d'hectares partir en fumée. Le nombre de villes touchées fut innombrable. La fumée a été visible jusqu'en Nouvelle Zélande. En 1966-67, ce furent 1 300 maisons détruites en Tasmanie et 62 personnes tuées. Voici maintenant le nombre en millions d'hectares brûlés dans le passé :
6 février 1851 : 5 dans le seul état de Victoria
68-69 : 40 seuls états du nord
69-70 : 45 seuls états du nord
74-75 : 117
2002 : 38 seuls états du nord
19-20 : 18
Pour le nombre de morts :
1926 : 60
38-39 : 71
1967 : 62
2009 : 173 et 4 000 bâtiments détruits
2019-20 : 18

Le Monde, par spécialistes interposés nous déclare que les incendies de 74-75 ont eu peu d'effet. Juste 15 % du territoire atteint et 57 000 fermes. Il semble que ces spécialistes n'ont pas habité dans l'une de ces 57 000 fermes. En 2019-20 on parle de 2 600 maisons détruites à peu près autant qu'en 1983, 30 % de plus qu'en 89 mais 30 % de moins qu'en 1939. Ces chiffres nous montrent que d'une part en 39 il a fait aussi très très chaud et c'était 80 ans avant les feux actuels et donc avant 80 années de réchauffement climatique, qu'il y a eu auparavant plus de destruction de maisons et que l'on ne peut donc pas affirmer que c'est la pire année pour les habitations et les hommes (il y a eu aussi plus de morts avant). Pour être le plus objectif possible il faudrait comparer les feux les plus importants entre eux et regarder les surfaces qui se superposent. Ce qu'il y a de gênant c'est que ces spécialistes ne nous donnent pas la proportion de broussailles qui a brûlé dans les derniers incendies et laissent donc croire que les 18 millions d'hectares ne sont que des forêts (ce qui est de toutes façons impossible puisqu'il y a des habitations qui ont brûlé). Il faut donc superposer toutes les surfaces des feux les plus importants, regarder les températures lors de ces dates et ensuite on aura une vue objective de ce qu'il se passe. Aujourd'hui ce n'est pas le cas. *Le Monde* ne donne qu'une carte et non les deux, ce qui aurait été la moindre des choses pour l'objectivité. Il faudrait pouvoir analyser le pourcentage d'arbres des deux feux en surface et aussi en volume pour déterminer si en énergie celui qui a été le plus important. Par exemple si d'un côté on a 15 % d'arbres pour 117 millions d'hectares cela voudrait dire qu'il y faudrait 100 % d'arbres lors des derniers pour les feux récents pour avoir le même résultat ce qui est rigoureusement impossible du fait qu'il y a eu aussi des broussailles et des habitations.

Ce que l'on découvre en faisant des recherches c'est que l'équation simpliste : *réchauffement - C02 - anthropique* ne peut en aucun cas correspondre à l'extrême complexité du climat, et extrême n'est pas un vain mot. Pour les incendies, et je ne sais si on peut se fier à ces explications, voici un lien (https://mythesmanciesetmathematiques.wordpress.com/2020/02/03/au-feu-la-planete/#more-18219) vers un article qui est très intéressant et qui justement démontre cette extrême complexité.

Partout on découvre des contradictions comme par exemple pourquoi la température augmenterait-elle dans la haute atmosphère là où l'effet de serre ne peut agir ? Voyez-vous ce simple constat nous montre que les certitudes et affirmations de Greta Thunberg et de ses soutiens ne sont pas fondées sur une vérité scientifique univoque et partagée par tous. Le consensus ne l'est pas et les études qui veulent le prouver sont biaisées. Cela n'ôte en rien qu'une grande quantité de scientifiques de divers domaines abondent dans le sens des théories du GIEC, ce serait stupide de le nier, comme il est malhonnête de ne pas tenir compte des avis de très nombreux scientifiques dont on peut supposer qu'une majorité des géologues ne s'accordent pas avec ces théories du GIEC. Du reste, sans pour autant cesser d'agir contre la surconsommation, la débauche d'énergie et la pollution, l'article cité plus haut nous dit ceci : *Le minimum solaire de 2030 (cycle 25 ; Bhowmik & Nandy, 2018), prévu depuis une bonne vingtaine d'années est bien au rendez-vous, plus profond que celui de 1914-18 et en phase avec la fin du dernier cycle de l'AMO (cyclicité 60 ans, données NOAA), donc d'une aridification/ continentalisation relative potentielle pour l'Europe de l'Ouest ou la Californie. Cette période sera probablement au moins aussi froide que celle que la « Der des Ders », étant donné la chaleur encore stockée actuellement dans l'océan (données ARGO). Il est fort probable qu'avec ce refroidissement, une augmentation de l'aridité entrainera corrélativement une activité des feux plus importante qu'à l'heure actuelle.*

J'avais préconisé, plus haut dans le texte, d'attendre une dizaine d'années pour juger, et ce avant d'avoir lu cet article qui nous promet du froid pour justement dans ces dix ans.

En fin de compte ce combat est artificiel et peut-être même indécent. Les derniers feux ont faits des victimes, détruit beaucoup d'habitations et de bâtiments, et ceci n'est pas contestable. Je préfère donc me retirer de cette polémique et laisse juge chacun de conclure ce qu'il veut - ce qui ne veut pas dire que de savoir si le réchauffement climatique est impliqué est mal venu ni que de ne pas prendre position ce serait en fait être contre la théorie du réchauffement climatique, mais parce que ce que l'on réussit à découvrir est pollué par la mauvaise foi, parfois abyssale, de chaque camp et cela m'irrite. Un exemple, autre que ceux que j'ai donnés plus haut, est cette information qui circule comme quoi les écologistes, voulant préserver la diversité végétale, ont permis la propagation des feux parce que ce qui devrait être débroussaillé ne l'a pas été, que les chemins ont été bloqués et donc que tout cela, si cela n'a pas déclenché les incendies, les a aggravés tout en empêchant la circulation des pompiers. L'opposition (dont des politiques) aux écologistes australiens s'en est emparée. Mais lorsque l'information provient de site comme voltaire.org, alors je m'en vais en courant car c'est un site complotiste et qu'il faudrait vérifier par cinquante autres sources fiables pour être certain que l'information est valide. De plus ces feux en Australie (sans en négliger la grande importance) ne sont pas le sujet principal de ce livre.

Comme dit plus haut les recherches que l'on peut faire afin de se faire une idée sont fortement polluées par les intoxications diverses. C'est aussi enrichissant et, pour essayer de se faire une opinion, les commentaires sont aussi éclairants et parfois difficiles à suivre tant le niveau peut être élevé. Il apparaît, y compris à partir des commentaires de ceux qui soutiennent les théorie anthropiques du GIEC, que le climat est une science (si jamais elle en est une) complexe et difficile d'abord. Au regard de cette grande complexité où l'aléatoire, les incertitudes, les ignorances mêmes, sont abondants, les schémas et affirmations simplistes semblent justement par trop simplistes. On peut se dire a contrario, peu importe la complexité, le constat se suffit à lui-même. Que l'on ignore le fonctionnement exact des mécanismes n'a que peu d'importance. Ce raisonnement se tient. Cependant, un esprit un peu simple comme le mien a aussi le droit de se poser quelques questions. Commençant par les outils de mesures, et leur utilisation. En premier lieu on utilise la température comme élément de mesure et de comparaison. Outre le fait qu'il est quasi impossible que ces mesures soient techniquement prises de façons identiques, on introduit un biais car la température variant tout au long du temps, on est obligé de se référer soit à une heure précise (mais les variations autour de cette heure peuvent être importantes et non significatives) soit à une moyenne. On bâtit un outil totalement théorique pour servir d'étalon dans le temps et de comparaison. Or la moyenne de la température est tout simplement un non sens. Une personne que je connais, disait souvent (un peu sa marotte) : « ce n'est pas parce qu'on a les pieds dans le four et la tête dans le congélateur que l'on est moyennement bien ». On se sert donc d'un stratagème pour obtenir, dans le temps, une comparaison : entre les moyennes d'un jour comparé au même jour des années antérieures. On voit déjà le problème avec les années bissextiles. Cela n'est pas un détail car cela veut dire que midi une année n'est pas midi une autre année et qu'en quatre ans il y a eu un basculement de 24 heures. Admettons que ce soit négligeable. Bon ça l'est. Prenons une autre comparaison. L'énergie elle, sa quantité, sa variation, peut faire l'objet de moyenne. Faisons l'expérience suivante. Vous avez un litre d'eau à la température de départ T que vous chauffez à 95° pendant une heure. Ensuite vous chauffez à la même température de départ T cette eau à 90° pendant une demi heure et à 100° pendant l'autre demi heure. Suivant la moyenne des températures on a deux fois 95°. Mais dans le second cas à 100° l'eau bout et s'évapore. Mais ce n'est pas tout. Pour maintenir l'eau à 90° ou à 95° on dépense pour chaque, même si elles sont différentes en valeur, une énergie constante. Cependant à 100° si vous doublez l'énergie l'eau reste à 100° mais s'évapore deux fois plus vite, le volume d'eau change, le transfert d'énergie change, les équilibres ne sont plus les mêmes. Ce que je veux dire par là c'est que les moyennes de températures ne sont pas un outil scientifique performant. Il existe un autre biais qui est celui du pourcentage d'augmentation de la température. En effet si vous augmentez la température de 10 à 11 vous dites qu'il y a 10 % d'augmentation. Or ce qui est viable pour une distance avec un point de référence, ne l'est pas pour la température car 0° C c'est 273,15 K, en partant du 0 absolu et ainsi le pourcentage de hausse n'est-il plus que de de 0,35 %.

Comme vous le voyez manipuler les températures est un exercice périlleux.

Voici un autre exemple. Les glaces et neiges du Mont Blanc fondent. Mais plus vite qu'ailleurs. Ces fontes ne datent pas d'hier et sous la glace on trouve des artefacts et autres outils qui proviennent du monde romain. On a eu aussi Ötzi (-5000 AJC) qui a été retrouvé sous le glacier (ce n'était pas non plus un climat tropical, Ötzi n'était pas en slip de bain). Ces éléments nous disent qu'il y a eu des époques où la neige et la glace n'étaient pas aussi basses qu'aujourd'hui. Cette fonte plus rapide pose un autre problème. Plus on monte en altitude moins l'atmosphère est dense, et moins l'atmosphère est dense, moins il y a de CO2 et, selon les théories du GIEC, moins il y a de CO2 moins il y a d'effet de serre et donc moins le réchauffement climatique devrait se faire sentir puisque selon le GIEC il y a une linéarité entre le CO2 et l'augmentation des températures. Le dernier écueil dans cette théorie simpliste est qu'en toute théorie la concentration de CO2 est la même autour de la terre, mais en revanche les augmentations de températures sont parfaitement différentes. Si le CO2 est l'élément principal et majeur, même s'il est obligatoire qu'il y ait des variations, ces variations devraient être beaucoup plus faibles.

On a vu, et ce n'est pas la peine de s'étendre, les preuves étant flagrantes, le nier ne peut provenir que de la plus parfaite mauvaise foi ou ignorance, les déclarations colériques de Greta Thunberg comme quoi on ne fait rien et c'est inefficace ne tient pas. On peut, a contrario, s'interroger sur l'autre aspect du problème qui comporte deux volets :
- Quelles pourraient être les **actions néfastes** au climat et ou à l'humanité de *ces écologistes-là* ?
- Quelles pourraient être les **inactions néfastes** au climat et ou à l'humanité de *ces écologistes-là* ?

C'est un tube de parler de la datation au carbone 14, et donc je vais en parler. La datation au carbone 14 part d'un principe simple : la proportion du carbone 14 (12 électrons, 12 protons et 14 neutrons), qui est radioactif naturellement est constante dans le couple C14/C12. La désintégration du carbone 14 en carbone 12 est compensée par la retransformation du C12 en C14 par le bombardement cosmique dans la haute atmosphère. Tout être vivant qui respire et se nourrit ingère d'une manière ou d'une autre ces deux carbones et tant qu'il est en vie, en lui, cette proportion reste la même. A sa mort, il n'y a plus d'apport et de ce fait le carbone 14 se désintègre en carbone 12 avec une demie vie (la moitié des élément se désintègre tous les) de 5 734 ans (± 40 ans). On fait donc un calcul régressif à partir de la proportion constatée pour déterminer l'âge de l'être vivant analysé. Et alors ? Alors ce petit exemple nous indique que le corps humain a du C14 en lui et que C14 est radioactif. Ce qui va suivre va démontrer à quel point la majorité de la population ne sait absolument rien de la radioactivité, que les antinucléaires brutaux sont des manipulateurs planétaires et que les conséquences pour le climat sont désastreuses.

Les anti-nucléaires brutaux ont d'énormes avantages. Le premier tient à Nagasaki et Hiroshima. L'inconscient collectif ne peut ignorer l'horreur que ce fut. Peu importe que c'est la chaleur et le souffle qui a tué sur le coup 110 000 personnes et par la suite (conséquences des brûlures, radiations) 100 000 autres (estimations), peu importe qu'une bombe atomique cela n'a rien à voir avec une centrale nucléaire (peu importe aussi qu'à Hambourg ou Dresde ou a tué aussi avec des bombes conventionnelles et que la guerre Hutu et Tutsi a fait entre 400 000 et un million de morts rien qu'avec des machettes), le nucléaire est a priori le diable comme si le gaz ou le charbon n'étaient pas dangereux. Ils se servent de cette réalité historique pour tisser un fond de peur panique qu'ils développent en considérant que l'explosion d'une centrale ce serait des Hiroshima et Nagasaki en puissance. Les autres exemples de Three Miles Island, Tchernobyl et Fukushima vont aussi appuyer dans ce sens. Lors de l'accident de Three miles Island la dose à l'extérieur des enceintes était d'1 mSv (mili Sievert, unité non d'émission mais de mesure de l'effet ionisant des radiations). Il s'agit pas de dire qu'il n'y a pas de risques, mais que le risque est raisonné et que par exemple à Fukushima la mort n'est pas venu du nucléaire mais de la nature et du Tsunami. Le 3 avril 2011, à 1,5 km de la centrale on a relevé 112 micro sieverts par heure soit moins de 1 Sv/an, c'est la dose à partir de laquelle on considère qu'il y a un effet néfaste pour un être vivant. On est donc juste à la limite après un accident d'une centrale nucléaire dû à une catastrophe naturelle (le tsunami). L'homme est responsable de son implantation, certes, mais comme on le voit on est extraordinairement loin d'Hiroshima et d'un danger majeur pour la population. On est très très loin des scénarios catastrophes des anti-nucléaires brutaux et que leurs prévisions ne se réalisent pas. Dans les années 60/70 il y avait un slogan : *inactif aujourd'hui, radioactif demain.* Qui est radioactif aujourd'hui 50 ans après ? Combien le tabac a fait-il de morts pendant cette même période, de malades chroniques ? En comparaison, fumer cinq paquets de cigarettes (polonium et plomb) revient à recevoir 1 mSv par an. Trois paquets par jour en un an feront plus que Fukushima, et un paquet 1/3 de Fukushima. Quant à Tchernobyl l'essentiel des morts et malades provient du défaut connu de cette centrale et des autorités locales qui ont envoyé à la mort des hommes car ce pouvoir-là ne s'embarrasse absolument pas de la vie humaine. Alors oui il y a eu des morts comme il y a des morts à cause de l'explosion du gaz, dans les mines de charbons, les incendies dus au chauffage au gaz etc. En revanche en regard des services rendus, de la durée dans le temps, du nombre de centrales, de l'énergie produite - et bien évidemment tout mort et tout malade est de trop - les centrales nucléaires sont infiniment, infiniment, moins mortels que toutes les autres productions d'électricité.

Donc le premier avantage pour la pénétration des slogans dans l'opinion est un facteur de peur panique entretenue avec délice par *ces écologistes-là*.

Le second est cette ignorance abyssale de l'opinion concernant l'énergie nucléaire. Voici quelques éléments factuels qui ne manqueront pas de vous ébahir en vous disant, mais Bon Dieu comment est-ce possible ?

La nature est radioactive. Une découverte ? L'homme est radioactif (et pour l'égalité des sexes, la femme aussi). L'homme en interne est soumis à deux types de radiations : alpha et gamma, radiation qui est mesurable à l'extérieur car ces ondes-là traversent le corps. Les deux principaux éléments radioactifs que l'on a en nous sont le carbone et le potassium. En moyenne un homme subit 8 000 désintégrations par seconde de l'intérieur (Bq, becquerel). 11 % sont des radiations gamma. En gros les radiations internes représentent 0,25 milli sievert par an ce qui représente 10 % de notre exposition aux radiations naturelles. Le Sievert est une unité particulière car elle a pour objet de mesurer l'effet ionisant sur la matière vivante, elle tient compte de la radiation mais aussi de la nature du corps qui les reçoit (muscle, foie, peau etc.) dont la sensibilité à la radiation est variable. On considère qu'il faut 1 sievert pour avoir un effet indésirable sur cette même matière vivante. 2,4 mili sieverts (mSv) est la dose moyenne d'origine naturelle que nous recevons par an. En France la dose admissible est de 1 mSv/an en plus des 2,4 d'origine naturelle. Les doses médicales (radio etc.) sont non comptabilisées. La nature nous arrose de rayonnements dus au thorium et à l'uranium (présents dans la croute terrestre) (54 % de ce que nous recevons) et le cosmos lui c'est de 11 %. *Ces écologistes-là* devraient être heureux que nous utilisions l'uranium, c'est un produit naturel qui nous arrose naturellement de ses rayons. Nous ne faisons que le domestiquer comme l'on a domestiqué le feu. Sans doute, comme Zeus, voudraient-ils nous soumettre au supplice de Tantale pour avoir apporter le feu à l'homme.

Tiens quelques chiffres : la viande c'est 100 Bq par kilo mais les pommes de terre c'est 170, les légumes verts 150 et surtout le soja 440 (ne parlons pas du thé 770 mais on ne consomme des infusions que de quelques grammes, c'était un peu provocateur de le mettre). Manger du soja comme protéine et vous aurez 4,4 fois votre dose radioactive pour la même quantité ingérée que la viande. Végans anti-nucléaires à vos fourchettes. Le granite, quant à lui c'est 1 000 Bq par kilo. Imaginez un breton végan qui s'aliment de soja (lait, pousses, gâteau etc) à raison de 500 g par jour (il a faim) dans sa maison en granite. Petit calcul, une maison de 80 m2 soit 8 m de large par 10 m de long, des murs de 45 cm d'épaisseur et une hauteur sous plafond de 2,5 m. On a une masse de (en raccourci) 100 tonnes (en gros 40 m3 avec une densité de 2,7) soit 100 millions de Bq, soit 100 millions de désintégrations par seconde. Bien évidemment une partie de la radioactivité va se diriger vers le haut, vers le bas (mais peu car les surfaces sont faibles, vers l'extérieur (pour moins de 50%) et vers l'intérieur (pour moins, là aussi de 50 %) mais avec un effet de concentration, comme un four à micro-onde car venant des quatre côtés à la fois. A côté le soja c'est du pipi de chat. Savez-vous combien apporte de radioactivité dans les doses reçues par nos organismes les centrales nucléaires ? Ah vous êtes impatients. Sans même avoir à écouter *ces écologistes-là* et les anti-nucléaires brutaux on va s'attendre à un bon petit chiffre de telle sorte que notre santé sera en danger imminent. Bon, voici la réponse : 0,01 % de ce que nous recevons en radioactivité naturelle. 0,01 % ! Chaque centrale en France rejette une dose de 0,001 mSv par an soit avec environ 20 centrales cela nous donne 0,02 mSV par an. A titre de comparaison , un employé de centrale nucléaire ne doit pas avoir reçu pour plus de 20 mSv par an. Cela ne vous fait-il pas réfléchir au discours des anti-nucléaires brutaux ?

Quelques autres chiffres. Dormir à côté de quelqu'un c'est 0,05 micro Sv. Donc un concert de Johny de 250 000 personnes c'est (c'était) 6,25 mSv (12,5 mSv / 2 si l'on considère que l'on dort huit heures et un concert dure 4 heures). C'est deux fois et demi ce que l'on reçoit annuellement en un an de la radioactivité naturelle et 20 nuits à côté de quelqu'un c'est ce que dégage une centrale nucléaire en un an. Si on se rapporte à Fukushima, qui a été mesuré à 1,5 km du centre après le tsunami 112 micro Sv par heure ce qui représente un regroupement de 18 000 personnes, ce qui doit arriver assez souvent, non ? Le stade de France par exemple. D'autres comparaisons éclairantes : la dose totale moyenne reçue à 15 km lors de l'accident de Three Mile Island a été de 80 micro Sv quand la dose annuelle reçue par le corps humain avec du potassium est de 390 micro Sv, une mammographie c'est 3 mSv soit près de 40 fois la dose totale de Three Mile Island. Pour Tchernobyl dans le terrain avoisinant la centrale il a été mesuré 6 mSv pendant une heure soit 28,26 Sv pour un an. La dose limite en une seule fois pour un homme est 1 Sv. Il n' y a eu aucun mort ni lors de l'incident de Three Mile Island, ni Fukushima à cause des radiations nucléaires. Par comparaison l'effondrement du barrage hydraulique de Biaqo en Chine a entraîné la mort d'au moins 170 000 personnes. Tout au long de son histoire le nucléaire est la source d'énergie qui a entraîné le moins de morts et de malades de toutes les formes de production d'énergie. En ce qui concerne Tchernobyl, c'est un cas à part car la centrale ne respectait pas les normes, l'essai en cours a violé de nombreuses fois les règles de sécurité et enfin ceux qui ont été envoyés pour traiter le problème n'avait pas les protection adéquates. Pour Tchernobyl, les estimations du nombre de morts dues aux radiations varient de façon invraisemblable de 34 à un million. Il semblerait que beaucoup de biais aient été commis. Par exemple dans la même période à cause de l'orientation politique des gouvernements l'espérance de vie globale de l'URSS a baissé considérablement, le nombre de morts a augmenté et ne pas tenir compte de l'environnement général qui n'avait rien à voir avec Tchernobyl n'est pas scientifiquement valide. A ceci s'ajoute deux ou trois autres variables : un l'augmentation des dépistages, les indemnisations et le militantisme. Voici aussi ce que je voudrais vous soumettre car l'utilisation de la peur est un vecteur extrêmement fort. Le danger des radiations tient compte de deux paramètre la puissance et le temps d'exposition. L'effet cumulatif est difficilement analysable. Pour Tchernobyl il y aurait eu au niveau du toit une mesure de 10 à 12 000 röntgen par heure la dose mortelle étant de 400 pour une année. Cette unité de mesure donne l'exposition aux radiations. Ce qui compte c'est en fait l'énergie et le temps comme nous l'avons vu. Or la puissance de radiation dépend de la concentration des éléments radioactifs. Imaginons que ce toit fasse 100 m par 100 m sur 10 m d'épaisseur cela fait un volume de 100 000 m3. Passons maintenant au volume du nuage radioactif qui a couvert l'Europe. Pour la France il survole le territoire entre le 30 avril et le 5 mai. Notion de temps, soit 6 fois 24 heures. Grosso modo la surface du nuage a dû dépasser les 10 millions de KM2. Si nous prenons une hauteur faible de 10 m cela représente 100 mille milliards de m3 soit une dilution de la puissance de un milliard soit O,O12 röntgen par heure. Pour le dire autrement, si la France représente 10 % de la surface du nuage elle a reçu 1 000 röntgen par heure sur toute la surface survolée par le nuage et si c'est la moitié des 552 000 km2 soit 276 000 km2 chaque hectare aura reçu 1/2,76 millionième de 1000 röntgen par heure ou de 144 000 pour sa traversée soit 0,052 röntgen pour toute la traversée et donc si vous, vous représentez un m2 vous aurez reçu 5,2 micro röntgen soit moins d'un cent millième de la dose létale. Voilà la réalité de cette catastrophe nucléaire. L'objet n'est pas du tout de dire que le nucléaire est anodin, sans danger. Il est de regarder les faits en face. Les accidents nucléaires sont rarissimes à côté de tous les accidents industriels, les conséquences de ces accidents sont lourdes dans les zones polluées, mais en ce qui concerne les radiations pour le reste de ces trois accidents la plus grande conséquence est la peur attisée par les anti-nucléaires brutaux qui auront des conséquences lourdes (autres centrales plus polluantes, stress, guerres idéologiques). Et que dire de tous les effets bénéfices des radiations : guérisons des cancers, radiographies, stérilisation ? Ce qui veut dire que dans le curseur de la radioactivité on commence à tout être vivant qui est lui-même radioactif, la radioactivité naturelle, la très faible radioactivité d'une centrale nucléaire (inférieure à celles au charbon), l'usage médicale et stérilisateur on fait un saut inter-sidéral vers Hiroshima et les antinucléaires brutaux entraîne l'inconscient collectif vers la bombe.

Il faut que l'on parle du charbon. Non seulement il est extrêmement polluant et dangereux pour la santé (au Royaume Uni on a estimé qu'il était responsable de la mort prématurée de 3 000 personnes, et ce n'est pas le pays qui a le plus de centrales au charbon), mais de son extraction à son utilisation, il lâche sur son trajet de la radioactivité. On la trouve dans le radon, un gaz radioactif. Alors qu'une centrale nucléaire émet 130 miliSievert par gigaWatt, le charbon se situe entre 670 et 1.400 (5 à 10 fois ce qu'émet une centrale nucléaire). Deux autres chiffres. Si vous êtes à 60 km d'une centrale nucléaire vous recevrez 0,09 micro Sv par an (manger une banane c'est 0,1 micro Sv !). Rappelons que nous recevons 2,4 mSv de radioactivité naturelle par an. Si vous êtes à 60 km d'une centrale à charbon vous recevrez 0,3 micro Sv par an soit 33 fois la dose d'une centrale nucléaire. N'est-ce pas merveilleux ? Qui va manifester autour des centrale à charbon muni de combinaison blanche des logos *danger nucléaire* cousus dessus et avec des masques ? N'est-ce pas le comble que *ces écologistes-là*, ces anti-nucléaires brutaux qui, en Allemagne, ont poussé à supprimer le nucléaire et le remplacer par des centrales à charbon qui non seulement polluent, rendent malades et tuent, mais dégagent au global entre 5 et 11 fois la qualité de radiations émise par une centrale nucléaire ? En luttant contre le nucléaire, ils aboutissent à beaucoup plus d'émission de radiations ! Il faudra bien qu'un jour, devant le tribunal de l'histoire leur responsabilité soit reconnue, responsabilité des désastres écologiques, de santé publique dus à leur idéologie sectaire et définitive. Dire que Greta Thunberg accuse, condamne, menace et qu'elle ne s'occupe pas de cette source majeure d'émission de C02 (400 millions de tonnes en Asie à cause du charbon) qui est selon les théories anthropiques du GIEC la principale cause du réchauffement climatique.

Petite comparaison entre le nucléaire et le charbon 7 g d'une pastille d'uranium enrichi (passant de 0,7 % à entre 3 et 5 % donc à partir de 30 à 50 g de minerai) produisent autant d'énergie qu'une tonne de charbon ! Le combustible nucléaire a une durée d'utilisation qui pourrait être quasi infinie vue la demi-vie. Le combustible utilisé dans une centrale l'est pendant une durée de 4 ans, sans renouvellement. Ensuite ce combustible est retraité pour servir à nouveau quatre ans. L'usine de la Hague en France permet ainsi une production de combustible recyclé qui peut fournir 450 TWh/an (450 milliards de KWh/an). Comment peut-on laisser tomber cette énergie ? C'est affolant de bêtise et d'idéologie.

Parmi les arguments des anti-nucléaires il y a cette notion de coût hypothétiquement moins élevés. Dans le passé c'était possible de tromper la population. Aujourd'hui on a le recul nécessaire et une comparaison idéale de ce qui se passe dans la vraie vie entre deux politiques opposées : celle de la France (pro-nucléaire quoique la pression est telle que le gouvernement flanche au détriment des populations à venir) et l'Allemagne sous influence majeure de *ces écologistes-là*. Voici les éléments de comparaison. Dans un pays comme dans l'autre les investissements sont similaires chacun sur une période de 20 ans : 96 milliards pour la France et 120 pour l'Allemagne (20 % de plus). Capacité de 63 Gw pour la France contre 60 Gw pour l'Allemagne, mais du côté de la production ce n'est plus la même limonade : 410 milliards de KwH pour nous, et seulement 75 de l'autre côté du Rhin. Alors que les centrales nucléaires fonctionnent 75 % du temps les centrales d'énergie renouvelables seulement 13 % du temps. Mais ce n'est pas tout. Du fait de l'intermittence de ces énergies renouvelables il faut pouvoir compenser ou stocker quand il y a un surplus. Ceci a nécessité 4 000 km de lignes à haute tension supplémentaires. En plus d'avoir un rendement faible, pour des périodes non linéaires et intermittentes, lors des surplus il faut transporter deux fois l'électricité vers des barrages par exemple pour stocker l'énergie sous forme de remontée d'eau, avec donc quatre pertes : perte lors de la première étape (transformation solaire ou éolien) en électricité, perte en ligne dans le transport vers la centrale hydraulique, perte en transformant cette énergie pour remonter l'eau et enfin perte lors de la création d'électricité par les turbines. Quand ces écologistes-là nous donnent des leçons d'économie d'énergie, on serait tenter de se tordre de rire avec leur énergie renouvelable qui nécessite des béquilles et qui font perdre beaucoup d'énergie. Une centrale a une durée de vie d'au moins 40 ans (et plus si les anti-nucléaires brutaux n'intervenaient pas) alors que les éoliennes et autres panneaux solaires c'est 20 ans, ce qui veut dire qu'il faut multiplier par deux les investissements de ces solutions énergétiques pour arriver à une bonne comparaison. Mais ce n'est pas tout. En France la législation prévoit 50.000 € de provisions pour le démantèlement des éoliennes or il apparaîtrait que ce coût soit en réalité entre 10 et 20 celui provisionné. Et encore on laisse le socle de béton qui pour les 20.000 éoliennes promises en France représente des centaines de millions de tonnes de ciment (et il y en a autant en poids des éoliennes). Sans oublier les câblages souterrains et les lignes haute tension. *Ces écologistes-là* avec une mauvaise foi confondante nous parlent de recyclage alors qu'ailleurs ils parlent de cette énergie grise comme si d'une part le recyclage ne consommait pas d'énergie et d'autre part pour le ciment étant, selon eux inerte, cela ne pose pas de problème. De ne plus pouvoir utiliser ces surfaces ne leur pose aucun problème. La dénaturation des lieux non plus quand cela en pose pour un barrage ou une route. Ces centaines de millions de tonnes de béton et millions de tonnes de métal nécessitent des fabrications, des transports et entraînent d'importante pollution. Ils nous disent qu'il y a plus de 90 % de recyclable ce qui est faux d'une part car on laisse les assises en béton et leurs ferrailles qui ne sont pas recyclés mais abandonnées, et d'autre part les pales et d'autres éléments des éoliennes ne sont pas recyclables et si en poids cela représente 10 %, en volume ce n'est plus pareil. Ces parties sont en fibre de verre, de carbone avec une densité inférieure de moitié au moins aux métaux donc double de volume, mais ceci n'est pas tout à fait vrai car ces éléments sont en volume et non en masse. On le voit que la mauvaise foi n'est pas seulement du côté des autres. Green Peace a attaqué en justice EDF pour ne pas avoir provisionné correctement le démantèlement des centrales (36 milliards d'euros quand même - Un mot à ce propos. A cause des écologistes brutaux et de la lâcheté du pouvoir français, on a arrêté Fessenheim alors que la centrale pouvait durer encore dix ans. Cet arrêt prématuré, outre le désastre écologique que cela engendre car elle pouvait fonctionner encore et donc augmenter sa rentabilité par le prolongement de son activité, cet arrêt anticipé part contrat va obliger la France à verser de colossales indemnités à EDF. Cet arrêt anticipé est une catastrophe écologique, économique, énergétique et financière. Nous pouvions les remercier. -). Vont-ils attaquer tous ceux qui ne l'ont pas fait pour les éoliennes ? Si l'on compte 20.000 éoliennes avec un coup moyen de 400.000 € on arrive à 8 milliards tous les 20 ans soit 16 milliards pour 40, plus le démantèlement des panneaux solaires (et on ne sait pas comment les recycler) à ajouter aux 240 milliards (pour 40 ans) des investissement on approche les 250 milliards soit presque le double des centrales nucléaires pour une activité d'environ moins d'un cinquième. En gros non seulement ces énergies coûtent tout compris dix fois celui du nucléaire mais nécessitent des béquilles car fonctionnement de façon intermittente béquilles qui polluent quand on utilise des centrales à charbon ou à gaz. Il faut définitivement comprendre que plus on utilise des éoliennes et des panneaux solaires plus on est contraint d'avoir des centrales dites à feux (charbon et gaz) qui fonctionneront mal car à puissance très variable pour compenser chaque fois que les éoliennes et le solaire ne fourniront pas d'électricité (imaginez un peu une nuit sans vent). Ces centrales fonctionnant à intensité très variables fonctionnant mal, mais surtout elles émettent du CO2 (charbon, beaucoup de CO2), entrainent des dépendances énergiques avec des pays comme la Russie et la Chine, sans compter les dangers d'extraction du charbon et sa radioactivité. Toute personne qui vous dit que l'on peut avoir 100 % de ces énergies est un menteur. Toute personne qui dit que c'est un bénéfice colossal est un menteur. Et pour ces éoliennes on a le droit en plus à des paysages défigurés, des oiseaux décapités, une durée de vie moyenne, un coût d'exploitation monstrueux, des pollutions indirectes (il faut bien les fabriquer, il faut bien les relier etc.) et en ce qui concerne les panneaux solaires ce sont des surfaces prises soit au détriment de la nature soit au détriment des cultures. *Ces écologistes-là,* qui ont arrêté ou veulent arrêter les centrales nucléaires sont comptables devant l'humanité de cette aberration et là je vais rejoindre Greta Thunberg, les politiques complices ne font rien contre et au contraire accélère le mouvement.

On l'a vu les radiations sont naturelles. Dans la croute terrestre il ya du thorium et de l'uranium. On trouve aussi du potassium (demi-vie 1,28 milliard d'années, ce k radioactif que nous ingérons quotidiennement). Vous vous souvenez de ce volcan au nom imprononçable, Eyjafjöll, du 20 mars au 27 octobre 2010. En 72 heures 140 millions de m3 de téphras ont été éjectés. 100 millions dans l'atmosphère. Selon Hervé Nifenecker ces trois premiers jours il y aurait eu l'équivalent de 600 tonnes d'uranium et de 1 800 tonnes de thorium. L'IRSN parle de 400 et 1 300. Rappelons que cela ne correspond qu'au premières 72 heures. Il y a eu aussi du radon, gaz radioactif. Pour comparer avec Tchernobyl où c'était du césium, en inhalation la toxicité radioactive des cendres volcaniques de Eyjafjöll a été 3 fois celle de Tchernobyl, et de 1/20 è à 1/50è pour l'ingestion. Vous imaginez aussi très aisément qu'il n'y a pas eu l'équivalent à Tchernobyl en combustible nucléaire l'équivalent des au moins 400 tonnes d'uranium et 1 300 tonnes de thorium. Beaucoup, beaucoup moins (une centrale c'est 100 tonnes de combustible en moyenne pour une durée de 4 ans ce qui veut dire qu'il aurait fallu que tout le combustible de Tchernobyl se soit dispersé dans l'atmosphère et en poussière encore pour donner l'équivalent). En avez-vous entendu parler ? Que nous en disent *ces écologistes-là* ? Où ont été les alarmes nucléaires ? Où ont été les débats ? Où ont été les accusations contre les gouvernements qui ne faisaient rien ? Alors que vers mi-avril toute l'Europe hors l'Espagne et la moitié de la Russie étaient couvertes par le nuage de cendres quelles ont été les déclarations tonitruantes de *ces écologistes*-là alors que les risques et la toxicité par inhalation radioactifs étaient 3 fois (3 fois !) ceux de Tchernobyl ? Que nous disent-ils quand les vents transportant du sable du Sahara nous apportent aussi de la radioactivité ?

Pour en terminer avec cette totale désinformation concernant le nucléaire, la peur est entretenue concernant la demi-vie des radio-isotopes et le traitement des déchets. On a vu plus haut que la demi-vie du potassium radioactif, celui que nous avons en nous et qui est celui qui donne des rayons alpha et gamma, est de 1,28 milliard d'années. L'uranium 235 c'est 700 millions. Ne parlons pas du césium 137 (Tchernobyl) qui est d'un peu plus de 30 ans (tiens les antinucléaires brutaux n'insistent pas trop sur cette demi-vie là alors que le césium a été la principale source de contamination de Tchernobyl). En 2007 on a relevé des radiations de ce césium 137 sur une surface, où vivent 7 millions de personnes, de 37 000 Bq au m^2. L'empreinte au sol d'un homme debout est de moins de 0,3 m^2 ce qui fait qu'il recevra 11 000 Bq et s'il est allongé moins de 30 000. Faut-il vous rappeler que l'homme a un rayonnement intrinsèque de 8 000 BQ et que l'ensemble des radiations naturelles qu'il reçoit représente 2,4 mSv par an, que ces 8 000 Bq en représente 10 % et qu'un employé d'une centrale nucléaire, selon la législation, ne peut recevoir plus de 20 mSv par an. Tout ceci veut dire en clair que cette contamination de césium ne représente que 40 % de la radioactivité naturelle qui elle-même est 1/500ème de la dose considérée comme dangereuse pour l'homme. Quand vous savez ceci vous vous dites que décidément l'honnêteté intellectuelle n'est pas le fort des anti-nucléaires brutaux et que la peur qu'ils instillent dans la population est dommageable tant par le stress créé que par les freins mis à l'exploitation d'une énergie peu polluante, sûre, peu chère qu'ils font remplacer par des énergies chères, intermittentes ou polluantes et même le comble plus radioactives. Rappelons quand même que le charbon ce fut les silicoses, que c'est la pollution de l'air, que c'est l'émission de CO_2, que ce sont des dizaines de milliers de morts dans les mines, que ce sont les micro-particules, les maladies pulmonaires. Les antinucléaires brutaux se servent donc de cette durée quasi inimaginables de l'uranium pour amplifier la peur ou alors du cesium 135 (2,3 millions d'années (c'est dans le détail dit-on que se niche le diable, cet élément est peu radioactif, avec une radioactivité à effet quasi nulle en matière de toxicité mais il est si simple de mélanger la haute toxicité d'un élément à demi-vie faible avec un autre élément très peu toxique à demi-vie longue. Le césium comporte 70 isotopes, il est donc si facile de faire un amalgame bien senti entre les uns et les autres)). D'une part on a vu pour Tchernobyl que ces zones polluées où vivent 7 millions de personnes ne représentent aucun danger, que cette radioactivité représente 40 % de la radioactivité naturelle et qu'en 2037 ce ne sera plus que 20 % et 2067, 10 % et 2097, 5 %. Et cette radioactivité naturelle est à 1/500ème de la dose dangereuse pour l'homme. Notez également que dans les accidents de Tchernobyl et de Fukushima c'est essentiellement le césium radioactif qui est en cause et nous entendons que les zones polluées le sont pour des centaines de milliers d'années, alors qu'en 100 ans la radioactivité aura été divisée par 8, déjà qu'elle n'est pas si élevée (sauf évidemment dans la zone immédiate autour des centrales accidentées). Et l'imagination fait le reste. En effet on nous dit que c'est un danger insurmontable de traiter les déchets nucléaires et qu'il n'y a pas de lieu pour les enfouir. On laisse à notre imagination croire que ce serait quasi le territoire français qu'il faudrait empoisonner pour ces enfouissements. Vous souvenez je vous avais demandé de trouver quel était le volume qu'il faudrait pour enfouir **100 ans** d'activité de toutes les centrales nucléaires en France. Vous allez tomber de votre chaise et vous vous rendrez compte combien la propagande est efficace et ne permet pas d'avoir un raisonnement sain. Pour cent ans de déchets nucléaires français **enrobés** il faudrait à peine deux stades de France. Vous avez bien lu deux stades de France (je parle ici du volume total) et moins de deux si on compte ses infrastructures souterraines. Vous imaginez donc que si l'on dit que pour cent ans d'activité il faut juste trouver le volume de deux stades de France que cela change totalement la donne et que cela paraît évident que l'on ne va pas polluer la France entière et qu'il est facile de trouver ce volume sur le territoire français. Depuis le début du nucléaire jusqu'en 2015 il y a eu 3 500 m3 des déchets les plus toxiques. Pour vous donner une idée cela représente un terrain de handball avec son pourtour sur une hauteur inférieur à 3 mètres ! Pour toute la production de déchets nucléaires depuis la création des premières centrales jusqu'en 2015. Vous imaginez là aussi que tant nos dirigeants, honteux devant la réalité, sous la pression d'une sorte de dictature idéologique, n'auront pas le courage de lui résister nous allons vers non moins de pollution, mais plus de pollution. Enfin il faut aussi parler des radiations émises par ces déchets nucléaires. Tout se focalise sur la demi-vie de l'uranium (et plus cette demi-vie est longue en réalité mieux c'est car cela permet d'utiliser le plus longtemps possible cette source d'énergie, ce n'est donc le contraire d'un défaut et cela en fait une source intrinsèquement renouvelable, si l'on veut, et cela devrait être un argument extrêmement fort à son usage plutôt que de sen servir pour le dénigrer), or ce qui compte c'est le risque. Qu'importe la durée si le risque est quasi nul ? Nous parlons là des déchets nucléaires. Les deux seuls risques seraient une attaque d'ennemis qui voudraient faire sauter les protections d'enfouissement à 500 m sous la terre. Quel ennemi utiliserait une puissance si énorme pour faire sauter des mètres cubes de béton armé sous 500 m de terre pour un résultat incertain ? C'est d'une telle stupidité que ce n'est pas imaginable. Vient ensuite le seul risque naturel qui serait un tremblement de terre. Il faudrait déjà que ce tremblement de terre passe juste à l'endroit d'enfouissement et les millions d'années qui se sont écoulées nous donne une réponse. Le deuxième point on peut être certain que ces bâtiments résisteront à des tremblements de terre comme c'est déjà la cas, les structures qui protègent l'enfouissement résisteront mais si ce n'était pas le cas alors ce serait le chaos total car la terre se sera ouverte en deux. On voit bien que les risques sont objectivement totalement inexistants, mais les antinucléaires brutaux jouent sur une possibilité de catastrophe qui n'existe pas mais qui est extraordinairement efficace dans l'esprit d'une partie de la population. Et pour conclure que représente cette radioactivité en cas d'ouverture des sarcophages ? En effet il ne s'agit pas de gaz. Mais des solides enrobés (les barres). La radioactivité en cas de fissure ne pourra s'exprimer que dans l'environnement immédiat du déchet et uniquement par la fissure et sous condition que la l'enrobage de la barre d'uranium se soit aussi fissurée ou détruite. Ne parlons pas de la transmission de la radioactivité de proche en proche. Imaginez donc il faudrait pour que la diffusion de cette radioactivité soit réellement dangereuse qu'une grande partie des déchets soit projetée en l'air, que les enrobages soit eux aussi détruits et que les éléments nucléaires de base soient réduits en poussière pour être emportée par le vent. Et pour terminer cette radioactivité ne serait, par enrichissement, pas plus que 5 à 7 fois la radioactivité naturelle qui elle est 400 fois inférieure à la dose dangereuse. C'est d'un tel ridicule que c'est à tomber par terre.

En réalité parce que le nucléaire paraît un descendant dangereux de la bombe atomique, *ces écologistes-là* ont vendu du rêve. Comme ce qui était naturel (et l'uranium ne l'est-il pas) comme le soleil et le vent était par définition bon et « écologique «, comme si la transformation en électricité se faisait de façon magique et directement vers les consommateurs. Ce qui est assez époustouflant c'est leur manière de tout déformer, de critiquer ce qu'eux-même font. Par exemple, parlons du démantèlement des centrales. 36 milliards d'euros ont été provisionnés et payés (par nos règlements des factures). Mais en revanche rien n'est dit sur la durée de vie d'une éolienne, sa baisse de rendement dans le temps, les millions de m³ de ciment (les cimenteries sont parmi les pires pollueurs nous dit-on, mais pas le ciment des éoliennes ?), les pales et les fûts en matériaux de synthèse (achetés en Chine ou en Allemagne), tous les câbles qu'il faut ajouter (isolants, métaux, extractions, transformations, pollution), l'électronique embarquée avec les métaux rares, l'intermittence qui impose des compensations donc d'autres centrales (ne parlons pas des batteries qui sont polluantes, ce n'est pas parce qu'elles servent à l'éolien qu'elles ne le sont pas, qu'elles ont une durée de vie infinie, qu'ils ne faut les recycler), le manque de puissance (que fait-on quand on a un hôpital qui doit fonctionner 24 heures sur 24 ?), la défiguration du paysage, le bruit, les insectes qui se collent aux pales et réduisent leur efficacité, les surfaces immenses retirées à la culture ou même à la nature, les ondes électromagnétiques, les grands oiseaux tués, les chauves-souris. Ils n'ont rien prévu pour le recyclage des socles quand elles cesseront de fonctionner. Que fera-t-on des millions de tonnes de béton ? Des câbles devenus inutiles, des batteries ? des fûts et des pales ? Déjà aux USA il y a des champs entiers d'éoliennes débranchées qui restent comme des moulins morts mais bien moins beau, moins poétiques que ceux des Pays-Bas ou de celui de Don Quichotte. Et ce n'est pas tout. Ce n'est pas comme si ces éoliennes venaient d'exister. Les USA (bien qu'ils soient toujours montrés du doigt) nous démontrent par la réalité (et non des projections utopistes) de ce que peut être le futur des éoliennes. Actuellement il y aurait 14 000 turbines à l'arrêt contre 38 000 en activité. Ces éoliennes sont rouillées, restent plantées dans le passage. Parmi les fermes il y a celle de la passe d'Altamont qui est une zone de passage pour la migration des oiseaux. Il y a 5 000 turbines. On estime qu'annuellement il y a 10 000 oiseaux qui sont déchiquetés dont des espèces protégées comme 80 aigles royaux, 380 chouettes des terriers, 300 buses à queue rouge et 330 faucons. Ceci a amené des écologistes à attaquer le parc éolien considéré comme le plus meurtriers des USA. L'American Bird Conservancy estime qu'il y a entre 75 000 et 275 000 oiseaux tués chaque année. Qu'en disent donc tous ceux qui s'époumonent à critiquer les capitalistes qui détruisent la nature et font disparaître tant d'espèces ? Lancent-ils des procès, font-ils des tribunes dans les journaux contre ces éoliennes tueuses d'oiseaux ? Verra-t-on une bataille rangée entre les protecteurs des oiseaux et les pro-éolienne ? Et que l'on ne sous sorte pas l'argument qu'en regard de l'intérêt écolo-énergétique ce ne sont que de petits désagréments et que l'on ne fait pas d'omelette sans casser le œufs, car tous ces arguments sont aussi ceux qui défendent l'industrie, ou d'autres sources d'énergie. Cette contradiction intra combats écologiques est insupportable surtout pour des donneurs de leçon.

Pour comprendre l'illusion des économies des énergies renouvelables dont le coût d'utilisation devrait baisser avec l'augmentation du nombre, voici cette petite histoire. Un vendeur de chaussettes ne s'en sortait pas. Sur les marchés il vendait ses chaussettes 9 € la paire, mais elle lui coûtaient 10. Il s'est dit, car il perdait de l'argent, je vais baisser mes prix et je vendrais plus. C'est exactement ce qu'il s'est passé. Il a doublé ses ventes mais quadruplé ses pertes en passant à 8 euros. L'immense escroquerie intellectuelle de cet argument de l'augmentation du nombre d'éoliennes entraînant une diminution du coût tient au fait que si c'est vrai pour un produit de grande distribution (et encore jusqu'à un certain point, il arrive un moment où l'on ne peut plus faire baisser le coût de fabrication), c'est totalement faux pour des énergies intermittentes. C'est le coup (et le coût) de la perte. Plus on a d'énergie renouvelable, plus il faut compenser quand elles ne produisent pas (pas de soleil, pas de vent) et plus cela coûte cher. Les politiques, les journalistes ne veulent pas s'y attarder. En dehors de l'intermittence c'est inadéquation parfois totale entre la production d'électricité et son besoin. Lorsque la température est clémente et qu'il fait beau, et que les jours sont longs, on a de l'électricité solaire, mais moins besoin qu'en hiver où il y a peu d'ensoleillement, et c'est un ensoleillement bas, peu énergétique, peu d'heures dans la journée. De même que pour l'éolien le photovoltaïque est intermittent, mais a aussi d'autres défauts, s'il fait trop chaud sont rendement baisse. Dès la troisième année son rendement baisse. Sa durée de vie est de 20/25 ans. Les saletés, les poussières diminuent son rendement. On ne sait pas quoi faire pour le recyclage en fin de vie. Les surfaces utilisées dans des champs prennent la place des cultures et aussi de cette fameuse diversité qu'ici elle n'intéressa plus *ces écologistes*-là. Le vent lui est aléatoire.

Si vous le permettez, je vais faire un petit détour pour démonter à quel point il est difficile de faire son opinion et à quel point il n'y a pas les anges d'un côté (les défenseurs purs et obstinés de mère nature) et de l'autre les démons (capitalistes avides et manipulateurs). Je ne parlerai pas en détail, mais juste d'un raisonnement qui démontre à quel point il est facile de tromper la population, de l'endoctriner avec une technique subtile de mauvaise foi. Lors des confessions (quand cela existait) on parlait de mentir par omission. C'est parfois très efficace. Voici la preuve. On le sait, tant c'est crié sur les toits, que les semences de Monsanto sont stériles ce qui veut dire qu'à chaque saison il faut les racheter. De ce fait ceux qui l'utilisent sont obligés, chaque année, de se réapprovisionner chez Monsanto. C'est un marché captif. Avec cette seule information, si on peut, à juste titre sauf à apprécier la dépendance absolue, trouver ce système scandaleux. Alors qu'oublie-t-on dans ce raisonnement ? Oh pas grand chose. Si vous achetez des semences non stériles cela veut dire que l'année suivante vous pourrez replanter des semences sans à avoir à les racheter. Oui. Et donc ? Et donc, la génération spontanée cela n'existe pas et il faudra bien que vos semences viennent de quelque part. Et d'où viennent-elles ? De votre récolte. Et qu'est-ce que cela veut dire ? Tout simplement que vous ne vendrez pas 100 % de votre récolte mais 100 % moins la partie de cette récolte que vous mettrez de côté pour réensemencer votre champ. Premier point d'un côté chaque année vous achetez des semences et vous vendez 100 % de votre récolte, de l'autre - à partir la première année - vous ne rachetez pas de semences mais vous ne vendez qu'une part de votre récolte. Si on s'arête là il faut savoir si la moindre vente coûte plus cher ou moins cher au global que le rachat de semences. Laissons de côté l'épuisement progressif des semences, mais regardons un autre point. Dans l'équation il faut ajouter le rendement. Les semences de Monsanto donnent un rendement supérieur aux semences non stériles. Le calcul se complète donc : d'un côté toute la récolte est vendue et en plus son rendement est supérieur. De l'autre seule une partie est vendue mais à partir d'une récolte plus faible. Imaginons aussi qu'une année, pour une raison ou une autre, les semences mises de côtés soient détruites, lorsque vous les achetez à Monsanto, elles sont utilisables. Dernier point de passer par Monsanto cela crée ou maintient de l'emploi. Je ne vais pas discuter ici du résultat des calculs (non que j'en ai peur mais ce n'est pas le propos) mais simplement vous montrer comment une affirmation juste et évidente devient beaucoup moins évidente lorsque l'on donne tous les éléments de la réflexion. Monsanto ne me sert que d'exemple et non de soutien, car Monsanto est connu et haï. Il est donc identifiable. Du reste la culture bio (dont on n'a aujourd'hui aucune preuve de son bienfait réel et il est fort difficile de le savoir car le comportement de ceux qui s'en nourrissent ont par définition une hygiène vie bien meilleure que la moyenne et cette hygiène de vie a un effet sur la santé) non seulement utilise des métaux comme le cuivre, et parfois des insecticides naturels (comme s'il y avait une différence de mourir en avalant à la grecque antique de la cigüe ou sa molécule de synthèse) a un rendement tel qu'il faut deux fois plus de surfaces cultivables pour le même résultat et participe par là au réchauffement climatique par la surface captée. L'argument de la permaculture n'est pas valide car même si elle est très efficace et à haut rendement elle ne s'applique qu'à une diffusion locale et en faible quantité et n'est pas efficace pour toutes les cultures comme le blé ou le maïs ou le sorgo ou le mil ou le riz. Sa demande de main d'œuvre, son coût sa spécificité et sa non universalité alimentaire ne permettent en aucun cas nourrir l'humanité. En aucun cas. Et cette permaculture est à aussi un rêve vendu sans rapport aux contraintes de pouvoir nourrir 7 milliards de personnes à un coût raisonnable. Comme argument tout aussi aveuglant et malhonnête, il y a celui comme quoi vers fin juin les hommes auront consommé la totalité d'une année de ce que la terre peut offrir pour les cultures et cela se dégrade d'année en année. C'est un choc n'est-ce pas ? Chaque année on nous parle de cette catastrophe. Je n'ai pas vu beaucoup de personnes y réfléchir un peu. Réfléchissons donc. Pour simplifier, à la moitié de l'année on a consommé ce que la terre peut offrir dans l'année. Et donc à la fin de l'année on a consommé toute l'année suivante. Et à la fin de l'année suivante on a consommé deux années pleines, à la dixième année on a consommé les 20 années suivantes. Lorsque vous posez ainsi les conséquences de cette affirmation vous vous rendez compte tellement cela est absurde, mensonger. Et vous le voyez bien puisque *ces écologistes-là* qui ont commencé il y a plus de cinq ans à nous sortir ces calculs bidons, ne nous disent pas cette année au mois de juin nous avons consommé les 5 années et six mois du futur. Ce qu'ils devraient dire si leurs calculs étaient réels. Pourquoi donc ne le font-ils pas ? Parce s'ils le faisaient leur supercherie apparaîtrait aveuglante aux yeux du public alors que leur mensonge et leur slogan font mouche à chaque fois.

Il y a une conclusion que l'on peut tirer de tout ce qui précède c'est que l'idéologie, l'état doctrinaire est néfaste pour le bien de l'humanité, pour le climat, et que l'on découvre que derrière tout cela alors que l'on imagine une grande générosité on découvre, au contraire un infini égoïsme et une sorte de dictature de la pensée. Cette dictature de la pensée s'exprime par la voix de Greta Thunberg. Ils ont raison, vous n'avez qu'à la fermer et obéir et seul leur mode de vie a le droit de cité. Autre n'est qu'hérésie et blasphème. Cette égoïsme je l'ai découvert dans des discussions avec *ces écologistes-là*. Ils veulent imposer leur mode de vie au monde entier alors que déjà leurs certitudes ne sont que les leurs mais ce mode de vie n'est pas applicable ni en tout lieu ni pour toute personne. Nous parlions d'un hôpital qui a un besoin vital d'être alimenté 24 heures sur 24 et donc pour lequel ni le solaire, ni l'éolien n'est la solution A ce moment-là de la discussion j'ai vu apparaître alors sur leur visage, car ils sont intelligents et au fond généreux, une interrogation. Ils croyaient détenir la vérité biblique de l'énergie et tous les arguments qui sont venus ensuite sonnaient faux à leurs propres oreilles, car ce qui est possible pour eux, avec des sacrifices, le fait d'habiter dans une région clémente, assez d'argent pour ne manger que des légumes bio, ne peut certainement pas s'appliquer à un hôpital. Cette égoïsme s'étend aux pays pauvres, en voie de développement alors qu'ils croient en être les anges gardiens, eux vivant dans une société où tout est déjà bâti, où l'eau, l'électricité, les déplacements, les communications sont abondants, à portée de main, plus ou moins chers. Ils parlent en savants à partir de leur monde où il est infiniment plus facile de jouer à Robinson Crusoe que dans ces pays où ce n'est pas le cas. Ce sont des privilégiés et enfants gâtés qui refusent aux autres, qui n'ont pas la même vie, une vie dont ils rêvent, eux, au milieu d'un environnement qui leur permet tout. La grande conclusion est que sous couvert d'une générosité interstellaire ils sont d'un égoïsme supra-stellaire, aveuglés qu'ils sont par leur mission et leur dogmatisme.

Je vais terminer ce chapitre par des faits qui laissent plus que pantois et mériteraient une colère décuplée de la part de Greta Thunberg et devrait demander comment les pouvoirs quels qu'ils soient osent laisser faire et comment ceux qui se réclament de l'écologie, de la défense de la nature et de l'humanité osent laisser faire. Et certains d'entre vous qui me lisez ne vont pas m'aimer mais alors ne pas m'aimer du tout. Je vais être leur Greta Thunberg à eux seuls. Voici des chiffres ahurissants. Nous avons vu que fumer cinq paquets de cigarettes équivaut à 5 mSv par an soit 0,05 mSv par cigarette. En France on fume 1 275 cigarettes par seconde, 44 milliards par an, 4 000 milliards dans le monde. Pour la France cela représente par an 220 millions de Sieverts soit plus de 3 Sv par Français par an. La dose potentiellement dangereuse est de 1 Sv par an par personne. Comparer ce chiffre à celui qu'émettent toutes les centrales nucléaires en France : 0,02 mSV ! Le tabac dégage en France plus de radioactivité pour une cigarette que l'ensemble des centrales ! C'est tellement fou, n'est-ce pas ? Ne nous arrêtons pas en si mauvais chemin. Le tabac c'est 100 millions morts dans le monde au cours du XXème siècle, soit sans doute plus que l'ensemble des morts des principales guerres de ce siècle y compris les deux guerres mondiales. C'est 73 000 morts par an rien qu'en France. Les maladies chroniques touchent en France plus de 5 millions de personnes. Combien parmi ces malades le sont à cause du tabac ? 30 % ? En un an **en France** il y a eu plus de **100 fois** le nombre de morts que l'énergie nucléaire à causé en **40 ans** d'existence **dans le monde**. On en est aujourd'hui à 60 millions de morts par an dans le monde. Si on faisait des courbes comme le GIEC en fait pour le climat ce serait un milliard de morts pour le XXIème siècle soit dix fois le nombre de morts des guerres les plus meurtrières de l'histoire de l'humanité. Le tabac entraîne ou aggrave un nombre important de maladies dont les cardio-vasculaires, pulmonaires, dentaires, gingivales, buccales, sanguines, osseuses etc. Les dégâts du climat d'aujourd'hui et potentiellement de demain ne sont rien à côté. Nous allons parler d'écologie. Juste quelques mots avant. Le coût de ces maladies et morts est immense. Aucune taxe ne les compense. C'est un coût financier, mais aussi social, humain, émotionnel. C'est la déstabilisation de l'économie (postes à remplacer), des familles (périodes longues et douloureuses, stress, tristesse, dépression). Le coût du tabac pour l'humanité est colossal. Colossal. Lorsque l'on voit les gigantesques campagnes, les prises de paroles, les manifestations les procès contre le glyphosate dont on n'a, à ce jour, aucune preuve de sa nocivité en usage adéquat (évidemment si buviez - argument d'une stupidité sans pareil - dix litres de glyphosate en solution, vous auriez de gros problèmes, comme si vous buviez dix litres d'alcool pur) et mis à part le CIRC qui parle de produit cancérigène potentiel, aucun autre organisme mondial ne le déclare. Donc pour un produit qui a permis de faire que peut-être un milliard de personnes lors de sa période d'utilisation a pu être nourrie on fait tout pour l'interdire quand dans le même temps un produit comme le tabac dont on sait (cette fois-ci à 100 %) qu'il tue chaque année 60 millions de personnes on ne l'interdit pas ? Il y a un argument des plus iniques qui dit que c'est notre liberté de fumer. Cela paraît logique. On a aussi le droit (sauf interdit religieux) de se mutiler, de se suicider. Sauf que, sauf que ceux qui fument et qui en tombent malades, outre le fait qu'is intoxiquent par le tabagisme passif les autres, sont soignés. Oui ils sont soignés et donc leur acte n'engage pas qu'eux-mêmes mais toutes la communauté. Ils sont soignés, mais aussi ils ont parfois un emploi, des responsabilités, des amis, une famille, des personnes qui dépendent de lui, qui lui sont attachés. Ce n'est pas tout. Ces maladies longues, qui n'existeraient pas sans tabac fumé, confisquent des moyens médicaux importants, prend des lits dans les hôpitaux, mobilisent les médecins et spécialistes. Outre le coût, sans ces malades (de leur responsabilité) tout le temps, toute l'énergie, tout l'espace dégagés permettrait de soigner plus vite, mieux les autres malades et sans doute sauveraient certains malades qui ne sont responsables de rien mais que cet engorgement dans tous les services médicaux n'ont pas permis de soigner à temps. Bien évidemment le fumeur entraîne d'énorme conséquences bien au-delà de sa personne. Le fumeur isolé dans sa bulle ça n'existe pas. Alors si un gars a son petit terrain, qu'il plante ses propres plants de tabac, qu'il fume dans son coin, ne se fait pas soigner quand il tombe malade, qu'il n'a ni enfants, ni amis, ni famille, ni conjoint, ni parents, alors oui il peut fumer. Citez-moi donc un cas, un seul comme celui-ci. On peut dire sans se tromper qu'il n'y en a aucun sur terre. Voyez-vous l'abysse qu'il y a entre les attaques contre l'énergie nucléaire et l'inaction des antinucléaires brutaux contre le tabac. Tout ce qui vient d'être dit concerne un des aspects du tabac. Ce livre traitant du réchauffement climatique et d'écologie par la déclinaison du soutien de Greta Thunberg aux théories anthropiques du CO2 responsable du réchauffement climatique, on va parler d'écologie.

Parfois on parle d'énergie grise. Comme plus haut. Si on utilise une voiture, on peut parler de sa pollution par l'émission de gaz d'échappement, de leur quantité, de leur nocivité. L'énergie grise c'est d'y ajouter tout ce qui est en amont (énergie et pollution d'extraction des matériaux ou de recyclage - certains plastiques, l'aluminium - fabrication des pièces, construction des bâtiments, utilisation des bâtiments, transport des pièces, transport des véhicules, extraction et transformations des carburants, transport des carburants, construction des stations, des garages, réparation et entretien des véhicules, construction des routes etc.) et en aval (recyclage, destruction, transport etc.). L'énergie grise peut représenter en fait la majorité de la dépense d'énergie et de pollution. Appliquons donc au tabac l'analyse de ce que ce produit coûte écologiquement et en énergie grise.

Le tabac est une plante qui consomme énormément d'eau et prend beaucoup de surface. Alors que l'on parle de déforestation, accusant toutes les industries, les fumeurs sont responsables de 5 % de la déforestation en Asie et en Afrique. Les surfaces soustraites à la culture représentent 50 000 km2 et consomment 22,2 milliards de m^3 d'eau. Un fumeur d'un paquet par jour pendant 50 ans est responsable de la perte de 1 400 m^3 d'eau. Cela représente l'alimentation en eau quotidienne (boisson) d'environ 800 personnes pendant ces 50 ans. Il serait donc isolé, le fumeur ? Aurait le droit de se faire mal tout seul ? Et les autres ? Sur la même surface de culture de tabac on peut produire jusqu'à 19 fois la quantité en pommes de terre. Une cigarette pèse environ 1g et 28 g par paquet dont le volume est de 100 cm^3 en moyenne avec 20 cigarettes. 200 milliards de paquets cela représente 20 millions du m^3 soit 700 mille camions de 30 m^3. Imaginez toute la pollution directe et indirecte, toute l'énergie grise qu'il faut pour cultiver le tabac, l'apporter aux usines, le transformer, le mettre dans des paquets qu'il faut fabriquer (carton, plastique, feuille d'aluminium), les transporter auprès des grossistes, puis des buralistes, venir le chercher. Les camions qu'il faut fabriquer puisque 700.000 camions cela veut dire que s'ils roulent 200 jours par an cela fait 3 500 camions à fabriquer, plus toutes les camionnettes de livraisons, leur consommation de carburant, leur entretien, toute l'énergie grise là aussi, les usines à construire, leur entretien, leur fonctionnement, les lieux de stockage, les locaux des buralistes. Pour une tonne de tabac il faut 12 m^3 de bois (d'où la déforestation 200 000 hectares de forêt chaque année). Où sont ceux qui fustigent la déforestation de l'Amazonie mais ne parlent pas celles dues au tabac ?

Combien cela dégage-t-il de CO2 indirectement pour chaque cigarette fumée, pour tout ce qui l'entoure ? Et pour allumer une cigarette il faut soit des briquets, soit des allumettes, qu'il faut aussi fabriquer, transporter, en faire la promotion, les stocker. Puisque l'on parle d'énergie grise il faut ajouter toute la chaîne pharmaco-médicale pour les soins des maladies induites par le tabac qu'elles soient cardiaques, pulmonaires ou cancéreuses. De la fabrication des médicaments, aux transports des médicaments, des malades, aux utilisations des scanners, aux lits occupés enfin à tout ce qui touche les soins tant en amont qu'en aval en énergie grise, cela en fait de la pollution, et de l'énergie. Vous imaginez bien qu'au niveau mondial ce que tout le tabac tant dans son usage, ses déchets, sa fabrication, son stockage, les maladies et morts qu'il entraîne, combien cela est infiniment dommageable à la nature, à l'humanité, à la lutte contre le réchauffement climatique, à l'intoxication des sols, des cours d'eau, des océans, de la faune et de la flore. Ah j'oubliais, juste un détail : les pesticides ! 13.000 tonnes chaque années aux USA pour le tabac. Vive l'écologie du tabac !

La deuxième (certains disent la première) cause de pollution des mers et océans ce sont les mégots de cigarette. Ils sont sans doute la deuxième cause de micro plastique dans ces mêmes océans. Leur toxicité, évidement, se propage à la faune aquatique et à la flore. Dire que l'on veut mettre des filtres sur les machines à laver pour empêcher ces micro-plastiques ! Rien qu'à Paris ce sont deux milliards de mégots par an soit 350 tonnes ! Pour le monde entier c'est 25 millions de tonnes ou plus. Les mégots, outre les océans, sont souvent la deuxième cause ou la première de pollution des rues des villes, et coûtent chaque année des milliards pour les ramasser dans le monde. En France il serait difficile de trouver un lieu pour stocker 3.500 m^3 de déchets radioactifs de toute la France, production depuis le début jusqu'en 2015, mais cela ne pose pas de problème de trouver annuellement (annuellement) où stocker, rien que pour la ville de Paris au moins 700 m³ de déchets toxiques ce qui représente en 40 ans (équivalent au nucléaire) 28 000 m³ rien qu'à Paris.

Puisque l'on parle de réchauffement climatique. Le bout incandescent d'une cigarette c'est jusqu'à 1.600° (800° dans la bouche et 200 dans les poumons) et si je faisais comme les raccourcis du GIEC je ferais une belle addition des températures des cigarettes fumées, ce qui serait une belle stupidité. Car la température est une chose, l'énergie une autre. Il faut donc savoir qu'elle est l'énergie d'une cigarette. N'ayant pas trouvé quelle était le pouvoir calorifique du tabac, je me suis rabattu sur celui d'un résineux sec : 20 MJ/kg (Million de joules) ou 5,3 kWh/kg (comme votre compteur électrique). On a vu que dans le monde il y avait 4.000 milliards de cigarettes, considérons qu'elles sont fumées au 3/4 ce qui donne 3.000 milliards de cigarettes donc 3 milliards de kg ou 3 X10^9 kg ce qui va nous donner 60 X 10^15 J ou 16,5 milliards de kWh. En d'autres termes chaque jour les fumeurs dégagent 164 mille milliards de joule ou 45 millions de kWh ou 45.000 MWh c'est la production de 30 centrales nucléaires. Selon mes calculs cela doit participer à 10 % de l'augmentation de la température (bon, c'est bidon). Ce passage est un peu à l'image de nos antinucléaires brutaux, utiliser de très grands chiffres qui, sans comparaison, sont sans rapport avec les conséquences réelles.

Chaque mégot est un concentré des produits toxiques contenus dans les cigarettes, puisqu'ils filtrent (qu'ils contiennent un filtre ou uniquement du tabac). Une cigarette contient plus de 4.000 produits dont des produits hautement cancérigènes. Ces produits toxiques se retrouvent dans les sols, les eaux de ruissèlement, dans les rivières, les fleuves, les océans et les mers, les lacs. Les fumeurs jettent leurs mégots n'importe où. Les oiseaux, la faune, la flore tout est intoxiqué. On fait un procès à un industriel qui pollue la terre, pourquoi n'en fait-on pas au fumeur qui jette son mégot dans la nature ? Il faut ajouter tous les incendies de forêts et les conséquences écologiques qu'il représentent. Un mégot pollue 1 m³ de neige, et 500 l d'eau. Et 4.000 milliards de mégots pollueraient combien ? 2.000 milliards de m³ d'eau ou 4.000 milliards de m³ de neige. C'est-à-dire deux fois la surface de la France sur une hauteur d'un mètre et ce chaque année. De plus il faut 12 ans pour qu'un mégot se dégrade ce qui fait en cumulé, si ces mégots n'étaient pas en partie ramassés, 28.000 milliards de mégots. Qu'en disent les écologistes ? Qu'en disent-ils eux qui nous parlent de toxicité des industries, de l'agro-alimentaire, eux qui parlent de dégradation, de cumul de toxicité, de pollution de la nature ? Les mégots sont aussi vecteurs de maladies. Les fumeurs sont aussi des malades avec des infections virales ou microbiennes. Vous trouverez ici la liste des 93 produits toxiques, et leurs effets, qui sont émis avec la fumée de cigarette : https://www.sciencesetavenir.fr/assets/referentiel/file/3747827.jpg C'est ahurissant ! Que font les écologistes ? Ils laissent donc l'atmosphère se polluer ? Il laissent la nature être polluée ? Il acceptent que la faune, la flore, les eaux, les lacs, les mers et océans soient pollués ? Ils acceptent la disparition des espèces à cause de la cigarette ? Ce qui est d'une tristesse infinie c'est de lire ces études qui supposent des effets à long terme des radiations des centrales nucléaires quand le tabac, le charbon, non seulement émettent plus de radioactivité mais en plus ont des effets toxiques reconnus à court, moyen et long terme, des effets polluants cumulatifs. Fumer une cigarette c'est envoyer du polonium dans l'atmosphère, du toluène, qui cyanure d'hydrogène (les chambres à gaz cela vous dit quelque chose), du benzène, des aromatiques etc.. laisser un mégot c'est diffuser des métaux lourds, de la nicotine (poison extrêmement violent, si vous lisez quelques romans policiers vous savez alors que la nicotine est utilisée pour assassiner vite fait bien fait). Et pour donner bonne conscience aux écologistes inactifs : le travail des enfants est aussi un problème majeur de la culture du tabac, tout comme ce sont principalement les pays pauvres ou en voie de développement qui cultivent le tabac. Il est vrai qu'il est médiatiquement beaucoup plus rentable de s'en prendre à multinationale comme Apple pour le travail des enfants qu'au tabac. Le comble est que ces défenseurs de la nature sont complices d'un acte qui est tout sauf naturel. Avez-vous déjà vu un animal se rouler une cigarette ? Ce que je veux dire par là c'est qu'au départ il faut être bien timbré pour avaler une fumée brûlante qui tapisse ses poumons de goudrons, qui fait tousser, qui empêche de respirer et qui n'existe pas à l'état naturel. Le tabac oui, mais le sécher et le fumer non. L'uranium existe aussi à l'état naturel. Pourquoi s'attaquer au second et non au premier alors que l'un apporte de l'énergie et l'autre des maladies et la mort à cause certaine ? C'est même pire puisqu'ils demandent la légalisation du cannabis qui en plus d'apporter les mêmes défauts de toxicité et de pollution que le tabac ajoute un risque accru de schizophrénie multiplié par deux et entre dans un nombre considérable de cas d'accidents de la route et professionnels par détérioration de l'attention. Tout écologiste, tout politique qui ne lutte pas activement contre le tabac n'a aucune crédibilité pour toutes ses luttes écologistes et contre le réchauffement climatique. Tout écologique et politique quel qu'il soit. Le jour où leur campagnes et manifestations contre le tabac seront proportionnées à celle pour la lutte contre le réchauffement climatique, ce jour-là on pourra commencer à les croire. Avant on n'y verra qu'un combat politique, un engagement non total pour le bien de la nature et de l'humanité, une non connaissance et reconnaissance des priorités.

Il est temps de revenir et de terminer par Greta Thunberg. Greta Thunberg est, de fait, la porte parole coléreuse des théories du GIEC et du catastrophisme (qui est son principal discours) qu'il diffuse. Ce que nous avons vu en grande partie concerne justement ce qu'implique ce discours dont Greta Thunberg est le héraut tonitruant.

Ce qui est peu pardonnable c'est l'accusation permanente d'inaction, l'énoncé de certitudes qui n'en sont pas, de consensus qui n'en est pas. On a vu, donc, que le consensus est loin d'être le cas et que ce n'est que propagande à partir d'études très fortement biaisées pour ne pas dire malhonnêtes, qu'il y a nombre de théories qui tiennent la route et qui contredisent la simpliste théorie du réchauffement climatique par les émissions anthropique du CO_2. A ce propos on a découvert que certains leaders de Green Peace, partagés entre leurs deux idéologies : l'homme responsable tout et ses émissions de CO_2 dune part et le nucléaire poison universel d'autre part, proclament maintenant tant leur haine du nucléaire est élevée que finalement ce n'est pas l'homme, que l'origine anthropique du O_2 et ses conséquences ne sont pas certaines. Cela fait tache dans le consensus.

Avant d'aller plus loin, on a découvert en fin février 2020, une autre égérie, allemande, qui serait l'anti Greta Thunberg. Je ne vais en rien les opposer. Je veux juste vous parler d'un article *du Monde* qui, de fait, la descend en flèche et en fait la marionnette de l'extrême droite. Vrai ou non, peu importe. Cet article est le prototype de ce qu'il ne faut pas faire en matière de journalisme. Vous avez le lien ici : https://www.lemonde.fr/pixels/article/2020/02/27/une-jeune-youtubeuse-de-la-droite-allemande-propulsee-egerie-anti-greta-thunberg_6031048_4408996.html

Pourquoi cet article est-il déplorable ? C'est tout simple : c'est que toute l'argumentation qui a pour objet de la descendre n'est en fait que le reflet de ce qui est arrivé à Greta Thunberg. Dans cet article il est indiqué que son ascension a été fulgurante à cause de dizaines d'articles à la suite d'un article du Washington post. Cette phrase est d'une stupidité incommensurable : « Pourtant, à l'exception d'un visage juvénile, Naomi Seibt, 19 ans, n'a pas grand-chose à voir avec Greta Thunberg, ni même avec une « anti-Greta ». D'abord parce qu'avant de figurer dans la presse mondiale, la jeune femme était globalement inconnue du grand public, même en Allemagne. Avec 58.000 abonnés, et moins de 100.000 vues sur la plupart de ses vidéos, sa chaîne YouTube est loin d'être un succès d'audience. » tout simplement avant que Geta Thunberg soit connue elle était inconnue. Comme ce qui arrive à tous. Il est ensuite extrêmement amusant de lire qu'elle n'avait que 58.000 abonnées et seulement 100.000 vues sur la plupart de ses vidéos. Greta Thunberg a, elle, eu le droit à des centaines d'articles et non des dizaines. En ce qui concerne les 100.000 vues, c'est très intéressant car ce même *Monde* a participé de façon prolongée, soutenue, à la promotion du mouvement des gilets jaunes en France et a fait des articles dithyrambiques pour des youtoubeurs jaunes qui diffusaient à 5.000. Une des vidéos qui a lancé ce mouvement des gilets jaunes n'avait été vue au départ par à peine quelques dizaines, ou centaines de personnes, jusqu'à ce que les media s'en emparent et lui fassent passer en quelques semaines à un million de vues. Ce que je veux dire par là que l'angle d'attaque contre cette jeune fille (qui ne pouvait m'intéresser que comme phénomène) est un angle d'attaque misérable et qui ne montre en rien sa toxicité. Cet article en fait la marionnette de l'extrême droite alors qu'évidemment Greta Thunberg n'est en rien manipulée par qui que ce soit. C'est possible, mais son personnage est usé jusqu'à la corde par ceux qui promeuvent les théories anthropiques du GIEC et ceux qui vomissent le monde actuel. Avec cette jeune fille on entre dans un monde de mise en abîme avec deux reflets, des accusations qui se renvoient, l'extrême droite contre l'extrême gauche. Les uns accusant les autres et c'est sans fin. Avec ce que j'ai lu de Greta Thunberg, je ne peux en aucun cas affirmer qu'elle serait d'extrême gauche. En revanche son vocabulaire, son expression suivent ceux de l'extrême gauche. Comme sa façon de faire. Ses accusations contre les pouvoirs en place, L'expression de *justice climatique*, comme la fameuse *justice sociale*, comme le droit à la santé (ce qui est un non sens total c'est le doit aux soins qui a un sens) etc.

Pour illustrer ce chapitre, voici son discours à Rome le 19 avril 2019. Discours très inquiétant et qui appuie ce côté extrême gauche (il est en anglais comme elle l'a prononcé) :
Unfortunately, we probably already know the outcome. World leaders are still trying to run away from their responsibilities but we have to make sure they cannot do that. We will make sure that we put them against the wall and they will have to do their job to protect our futures.

Traduction
Malheureusement, nous connaissons probablement déjà le résultat. Les dirigeants mondiaux tentent toujours de fuir leurs responsabilités, mais nous devons nous assurer qu'ils ne peuvent pas le faire. Nous veillerons à les mettre contre le [au pied du] mur et ils devront faire leur travail pour protéger notre avenir.

Il y a deux traductions possibles. Soit *contre le mur*, soit *au pied du mur*. Vous imaginez bien qu'il y a une énorme différence. Ce discours est toujours aussi violent et d'un orgueil peu commun, peu différent de son discours monolithique habituel, mais mettre les dirigeants contre le mur est d'un autre degré. Greta Thunberg s'est excusée pour ces propos. De ce fait la traduction ne peut être au pied du mur, mais bien contre le mur ... avant de les fusiller ? Voici ce qu'elle en dit le 14 décembre dans un Tweet : *"Yesterday I said we must hold our leaders accountable and unfortunately said 'put them against the wall'. That's Swenglish: 'att ställa någon mot väggen' (to put someone against the wall) means to hold someone accountable,"* she tweeted. *"That's what happens when you improvise speeches in a second language."* J'ai fait la traduction du suédois en français qui dit bien : *mettre quelqu'un contre le mur.* Laissons lui le bénéfice du doute et qu'en suédois c'est un idiomatisme qui veut vraiment dire mettre quelqu'un devant ses responsabilités. Il faudrait qu'un Suédois impartial nous dise si c'est bien une expression habituelle de sa langue.

On s'aperçoit, bien sûr que cette notoriété, et la propension qu'elle a de s'exprimer et par voie de corollaire ses paroles scrutées, qu'il y a de nombreuses polémiques. Certaines sont stupides, mal venues, partiales, inutiles, d'autres le paraissent alors qu'en fait elles ne le sont pas. On se souvient de son voyage très médiatisé vers les USA sur le bateau high tech d'une éminente personnalité du rocher monégasque. Lorsque l'on se veut faire du symbolique, il est assez mal venu, quand le discours général est en partie fondée sur la haine du monde actuel et notamment l'occidental, de monter sur un bateau de propriétaire qui ne peut représenter que ce qu'il y a de plus d'injustice au monde où la naissance décide de tout et où la fortune n'est en rien méritée. Ce qui est également choquant ce sont les arguments et contre arguments. Certes un voilier utilise le vent mais ce n'est qu'une partie de l'équation. Il faut le fabriquer et il l'est en matériaux non recyclables, à des prix astronomiques. Pour voyager ils ont emporté des produits lyophilisés ce qui nécessite de l'énergie alors que sur un bateau normal on a des produits frais. Pour être dans la justesse il faudrait analyser globalement en regard du nombre de passagers, de l'énergie grise, des produits recyclables, de l'alimentation des encadrements entre un vol gros porteur et ce bateau de haute technologie. Ce n'est pas tout. Ce qui peut faire penser à une action marketing c'est que son père l'accompagnait, avec une caméra. Il nous suffisait de savoir qu'elle allait dans ce pays honni à bord d'un voilier, une photo au départ, une à l'arrivée. Que nous intéresse-t-il de la filmer pendant ce voyage ? Quel internet historique ? La grande hypocrisie, si vous l'avez remarqué, c'est qu'il faut ramener le bateau. Et alors ? Alors ils nous ont dit que l'équipage était déjà sur place. Parfois on se demande si ce n'est pas un jeu de prendre les autres pour des imbéciles. Il a bien fallu qu'ils viennent de France pour repartir des USA et ils ont pris l'avion. Je ne sais si Greta Thunberg voulait y aller en bateau, si voulant y aller elle a choisi elle-même ce bateau-là. On voit bien là qu'il y a tout un environnement qui agit autour d'elle. Cette idée d'y aller en bateau à voile eut pu en être une bonne sous condition d'un transport habituel, comme passagère, avec un équipage constitué au départ, qui fait soit la navette soit un tour du monde, et non une bête des mers d'un riche héritier d'une microscopique nation aux revenus troubles. Que Greta Thunberg soit à l'origine ou non, qu'elle se soit involontairement fourvoyée ou non, finalement peu importe. Cet épisode est de la communication qui aurait dû nuire à sa démarche.

Elle nous est présentée comme dynamique, extrêmement intelligente, volontaire, obstinée. Un jour j'ai lu un article qui m'a touché. En août 2019 elle se confie à la télévision suisse. On apprend qu'à onze ans elle était déprimée. Elle parle aussi de son syndrome d'Asperger qui ne lui pas rendu la vie facile, ni belle dit-elle. Elle ajoute ceci : *« Avec les bonnes circonstances, j'ai pu inverser la situation. Et au lieu que ce soit une faiblesse, j'en ai fait une force. Ça me rend différente des autres »*. Ce qui me touche c'est que cette différence lui a été difficile, et qu'elle en a fait une force. Ce qui m'inquiète pour elle c'est que cette différence est une arme contre elle, et qu'il faut espérer que sa force soit suffisante pour endiguer la dépression qui pourrait réapparaître. Il me semble que tout ce qui l'entoure, cette pression inimaginable pourrait être destructeur. Son combat n'est pas le mien. Ses positions sont pour moi brutales et injustes. Ses maladresses peuvent lui nuire et je ne m'en réjouirais pas, ni ne m'en réjouis. Peut-on lui retirer sa responsabilité ? Je crois plus en la lourde responsabilité de ses proches, de ses parents des lobbies écologistes durs et sectaires. Des attaques, elle en subit sans arrêt. En voici quelques unes qui font dresser les cheveux sur la tête. Bernard Chenebault, ex président des amis du Palais de Tokyo, fin septembre 2019 écrit ceci : « *Je ne suis ni sourd ni idiot et j'entends ce que tous crient depuis une décennie, mais la forme de cette folle rajoute une couche de haine dans notre société déjà fort agitée par de mauvais sentiments de toute part* ». « *Il faut l'abattre* » et « *j'espère qu'un désaxé va l'abattre* ». Ce gars est fou. J'espère que la justice va lui régler son compte. Notre philosophe national (Michel Onfray) écrit ceci le 23 juillet 2019 : « *Cette jeune fille arbore un visage de cyborg qui ignore l'émotion — ni sourire ni rire, ni étonnement ni stupéfaction, ni peine ni joie. Elle fait songer à ces poupées en silicone qui annoncent la fin de l'humain et l'avènement du posthumain. Elle a le visage, l'âge, le sexe et le corps d'un cyborg du troisième millénaire : son enveloppe est neutre.* » Des comme ça il y en a à la pelle. Ce n'est pas mon combat.

Ces attaques indécentes (et pour l'appel au meurtre punissables par la loi) qui sont nombreuses sont en réalité du pain béni pour ses soutiens. Les attaques ad personam permettent de contrattaquer contre leurs auteurs et permettent de masquer le débat de fond.

Je parlais de maladresse. Comme elle est en permanence sur les réseaux sociaux et dévoile sa vie quotidienne, un jour sur Twitter, elle se montre en photo dans un train de la Deutsch Bahn avec un amas de valise, assise sur la plate-forme, ajoutant que le train était bondé. Comme rien n'est jamais simple, la compagnie lui rétorque qu'elle avait été bien traitée, en première classe, mais cette photo n'avait été prise que dans un des deux autres trains qu'elle avait pris avant d'avoir une place à partir de Göttingen. Son train réservé avait été annulé. On a le tournis. Cette histoire amène à se poser quelques questions : qui paye ses voyages

? Quand on attaque les lobbies, il faut savoir d'où vient le financement de tous les voyages de Greta Thunberg. Cette histoire aussi est sans doute vénielle. Quelle est l'importance réelle de voyager en première ? Le luxe ? Plutôt que comme les trains sont bondés, les premières offrent tout simplement un privilège et empêchent de transporter plus de monde dans le même espace. Greta Thunberg et sa famille affirment que ses voyages et les frais de logement sont payés par ses parents. Pas celui vers les USA en tout cas. Ses parents sont donc fortunés. Il faut donc ici faire quelques remarques. C'est ce monde à punir qui fait que ses parents sont suffisamment riches pour lui offrir tous ces déplacements, pour que son père ait suffisamment de temps pour l'accompagner, ce monde qui lui permet de se déplacer (même si c'est en train ou en bateau), de communiquer par Twitter, de se faire connaître par tous les media, d'inonder le monde de son image et de ses discours. Imaginez ce que l'on dit de ce que coûte un email, Internet. Que pensez de toutes ces vidéos, de tout cet usage d'Internet au profit de ses discours ? Est-ce cohérent ? Comment se sentir quand on attaque de front et colère un monde qui permet d'exister ?

A faire des recherches sur elle, sans ne jamais prétendre la connaître, je deviens schizophrène en quelque sorte. Je me prends de sympathie pour elle, mais déteste son attitude, ses discours et tout ce qui va avec et autour. Je la trouve en fait bien seule, dans une sorte de bulle, hors la vie, bien qu'elle accuse tout les dirigeants de la planète d'être eux hors de la vie. J'imagine, sans aucune certitude, que toute cette force, cette colère, pourrait cacher de la détresse et une croyance quasi mystique en ce qu'elle fait. Je ne lui souhaite aucun mal. A l'opposé, comme je l'ai dit, son discours, cette colère que l'on sent permanente me révulse. Au début je vous parlais de Malala. Je ne veux faire aucune opposition factice ni donner des bons et des mauvais points. Malala Yousatzai a souffert dans sa chair. Le 9 octobre 1012 elle subit une tentative d'assassinat et est grièvement blessée à la tête et au cou. Pendant de très longues années, petite fille, elle tenait un blog en ourdou sur le site de la BBC. Elle a commencé à 11 ans ! Elle y dénonce les Talibans qui brûlent les écoles de filles et assassinent leurs opposants. Son combat est pour l'éducation dans le monde, et en particulier pour les jeunes filles. En 2014 elle est co-prix Nobel de la Paix. Elle est nommée messager de la paix par l'ONU. Lorsque l'on regarde les deux trajectoires, est-ce une illusion d'optique, on a l'impression que celle de Greta Thunberg est plus fulgurante et plus invasive. Ce qui m'a fasciné chez Malala c'est tout à la fois sa précocité, sa détermination, l'immense douceur de ses discours, sa générosité avec un courage inimaginable. Elle a failli le payer de sa vie, et il lui reste quelques séquelles. Je parle d'elle, en fait, pas pour vous, mais pour moi. Malala me donne l'envie de m'engager à ses côtés, non Greta Thunberg, indépendamment de chacune des causes. Chez l'une on sent la récompense, chez l'autre la punition.

Dans l'entrevue que Greta Thunberg a donné à la télévision suisse elle se déclare elle-même très dure vis-à-vis de ses parents. Elle leur impose le mode de vie végane que sa mère a du mal à suivre. Elle ajoute certes (ce qui est fort contradictoire) que chacun est libre de faire ce qu'il veut. Cette déclaration ne correspond ni à ce qu'elle dit au paravant ni à ce qu'elle veut imposer au monde. Cette attitude pourrait venir d'une catastrophe annoncée pour la Suède (et qui malheureusement pourrait aussi concerner la France) à la suite d'une aberration totale scientifique, relationnelle, naturelle confondant le droit à la personne et le droit à l'enfant. Si l'enfant est, par définition, plus faible que l'adulte il ne peut en aucun cas être considéré comme son équivalent en matière de connaissance, de maturité, d'expérience, de physiologie, d'économie etc. Le cerveau d'un enfant est labile, non mature quand bien même un enfant est doué de réflexion, de capacité d'analyse, il n'a pas de freins. Il veut, il prend. Un enfant vit dans un monde qui existe, il y vit parce que ses parents, la société lui fournissent les bases qui le lui permettent. Un enfant ne peut s'apprendre lui-même à parler, à lire. Un enfant ne peut se nourrir seul au début et ensuite ne le peut économiquement, il ne peut se soigner, il ne peut fabriquer le vélo sur lequel il va monter, le nounours ou le doudou qu'il chérit. Il ne fabrique ni les médicaments qui le soignent, les dessins animés qu'il regarde, ni les livres qu'il parcourt ou lit, ni les trains, les voitures, les avions dans lesquels il monte, ni les vêtements qu'il porte. La différence entre un adulte et un enfant est abyssal. S'il y a équivalence dans le fait d'exister, il est le fruit des amours de ses parents, il ne s'est pas auto-créé et son avis n'est surtout pas l'équivalent de celui de ses parents. L'écouter, le comprendre ce n'est en aucun cas lui donner le pouvoir. En 2013 (Greta Thunberg avait 10 ans, elle est donc bien le fruit de ce drame qui se passe en Suède) le psychiatre David Eberhard lançait un cri d'alarme dans un livre au titre de *Comment les enfants ont pris le pouvoir*. Aujourd'hui les études prouvent les dégâts considérables de ces lois suédoises donnant un pouvoir absolu et absurde aux enfants. Il arrive que l'état a un tel pouvoir qu'il retire aux parents leurs enfants si jamais il estime que ceux-ci ne suivent pas la doctrine étatique. Cela s'appelle un état totalitaire. Voici quelques extraits de ce livre qui fait froid dans le dos et ce que confirme aujourd'hui le désarroi de ces enfants devenus adultes, enfants à qui tout était permis et qui sont maintenant confrontés dans la vie aux frustrations, au déception et à la réalité brutale que non, cela existe, que l'on ne peut pas tout avoir, que l'on peut avoir un supérieur hiérarchique, que l'on peut rencontrer plus doué, plus intelligent, plus fort que soi : « *Ils ont tendance à tout décider dans les familles: quand se coucher, quoi manger, où partir en vacances, même le programme télé [...]. Ils crient s'il y a des adultes qui parlent à table, ils vous interrompent sans arrêt. D'une certaine façon, les enfants en Suède sont mal élevés.* » « *Parce qu'ils ont été élevés de cette manière, les enfants suédois tombent de haut à l'âge adulte. Leurs attentes sont trop élevées et ils découvrent que la vie est dure. Cela se manifeste par des troubles de l'anxiété et des tendances à comportements autodestructeurs qui ont augmenté de manière spectaculaire en Suède.* » Au lieu de baisser le taux de suicides des jeunes de 15 à 25 ans a

tragiquement augmenté. Dans *The Telegraph* (https://www.telegraph.co.uk/women/mother-tongue/10636279/Have-Swedens-permissive-parents-given-birth-to-a-generation-of-monsters.html) Judith Wood explique son point de vue avec humour, prouvant qu'aimer son enfant ce n'est pas négocier avec lui et c'est lui donner les outils pour affronter le monde :
My five-year-old is extravagantly furious at being thwarted. I have infringed her human rights by mildly suggesting that she turn off the television and put some clothes on.
I can see the dark storm clouds gathering on her thunderous brow, her eyes narrowing, mouth pursed in Shakespearean displeasure as she reaches for the most hurtful, serpent's tooth ingratitude she can think of. "You're Not My Friend Any More!"
To which I reply, swift as Lady Macbeth's dagger, "I never was your friend in the first place, darling. Friends don't wash your socks or buy you a warm winter coat or make you brush your teeth so they don't rot in your head.
"Now, please get dressed or I will call the school and they will send the police round to arrest all your Sylvanians and deport them."
ce qui veut dire : *Mon enfant de cinq ans est extravagamment furieuse d'être contrariée. J'ai enfreint ses droits en lui suggérant gentiment d'éteindre la télévision et de s'habiller. Je peux voir les sombres nuages d'orage s'amonceler sur son front tonitruant, ses yeux se rétrécir, sa bouche se pincer dans le mécontentement shakespearien alors qu'elle cherche l'ingratitude la plus blessante, la plus serpentine, à laquelle elle puisse penser. « Tu n'es plus mon amie ! »*
Ce à quoi je réponds, aussi vite que la dague de Lady Macbeth : « Je n'ai jamais été ton amie, chérie. Les amis ne lavent pas tes chaussettes, ne t'achètent pas un manteau d'hiver chaud et ne te font pas te brosser les dents pour qu'elles ne pourrissent pas dans ta tête.
Maintenant, habille-toi ou j'appelle l'école et ils enverront la police pour arrêter tous tes Sylvains et les expulser ».

On se rend compte que sous prétexte de symétrie (qui n'existe pas dans la réalité) entre les enfants les adultes la Suède et les penseurs (Dolto en France) qui les ont projetés dans ce désarroi désastreux qui leur arrive, a créé une asymétrie totale où les enfants dominent les parents et leur donnent des ordres, les jugent, les punissent. Ces lois ont créé le droit à l'enfant de tout faire et de ne pas en être tenu pour responsable. Ce cas, comme bien d'autre, démontre ce que le dogmatisme et l'idéologie entraîne. Tout ceci n'est possible que par deux éléments : l'affirmation d'une théorie fondée sur des impressions non vérifiée par l'observation (sinon des observations biaisées et ou fabriquées) et la lâcheté de ceux qui savent que c'est néfaste mais ne veulent pas apparaître comme des foutus d'égoïstes brutaux.

Greta Thunberg pourrait être le produit d'un accouplement entre les lois suédoises (et tout ce qui les entoure) et Internet ce qui donne la forme de ses discours colériques et sa façon de considérer les adultes, les gouvernants finalement comme ses esclaves montrés du doigt et punis. Ce n'est finalement pas un hasard si Greta Thunberg vient de Suède.

Comme je le disais plus haut si les recherches sur Greta Thunberg m'ont amené à être touché, d'autres faits ou comportements ne peuvent que nous laissés très interrogatifs. On l'a vu au travers de ses discours (à l'ONU, à Rome où elle veut mettre les hommes politiques contre le mur) ou de ses déclarations (elle impose à ses parents d'être végans). Voici des faits que je vous présente et qui font réfléchir. Le titre de ce livre parle de Jeanne d'Arc. Je l'avais choisi sans connaître cette anecdote peut-être inquiétante. La comparaisons que je voulais faire avec Jeanne d'Arc c'était la jeunesse, l'idéal, l'esprit combatif, l'absence de peur ou le courage.

Avant qu'elle ne soit si connue, elle écrit avec ses parents et sa sœur un livre : *Scènes de coeur. Notre vie pour le climat* . Rien que le fait de ce livre est étrange. Etrange, non par la volonté d'écrire précocement un livre, mais parce que c'est toute la famille et donc les parents. On peut imaginer une sorte de miroir double : ses parents admirent sa précocité et sa détermination et dans le même temps ils s'en servent et veulent les promouvoir. C'est une hypothèse. Est-ce que le fait son père l'ait accompagné dans le voilier high tech d'un milliardaire serait un indice supplémentaire ? Et dans ce livre, puis dans une entrevue on peut lire ce qui suit avec grande stupéfaction :

According to her mother Malena Ernman (48), 16-year-old Swedish climate activist Greta Thunberg can see CO2 with the naked eye. She writes that in the book 'Scenes from the heart. Our life for the climate', which she wrote with her family. According to her mother, "She can see carbon dioxide with the naked eye. She sees how it flows out of chimneys and changes the atmosphere in a landfill."

Traduction :
Selon sa mère Malena Ernman (48 ans), Greta Thunberg, une militante suédoise de 16 ans pour le climat, peut voir le CO2 à l'œil nu. Elle écrit cela dans son livre *Scènes de coeur. Notre vie pour le climat*, qu'elle a écrit avec sa famille. Selon sa mère, « elle peut voir le dioxyde de carbone à l'œil nu. Elle voit comment il s'échappe des cheminées et modifie l'atmosphère d'une décharge ».

Imaginez qu'un climato-sceptique ait écrit ce genre d'hallucination : on le brûlait vif sur la place de Grève. Faut-il que j'ajoute que ce que je viens d'écrire est une métaphore ? On ne sait jamais, il vaut mieux que je le précise. C'est du reste ce que dit ensuite sa mère quand on lui demande quelques précisions justifiées sur le fait que sa fille aurait des yeux bio-ioniques ou à infra-rouges. Ce serait une métaphore (décidément). Ce qui est ennuyeux c'est que c'est écrit dans un livre avec comme co-auteurs des parents et que je ne vois pas où serait la métaphore. J'y vois plutôt une mère qui aimerait que sa fille ait des super-pouvoirs. Cet élément n'est pas très rassurant. Il est aussi un clin d'œil non recherché avec le titre de ce livre, Jeanne avait des voix, Greta des visions. Ceci aussi s'accorde au fait que l'on est quasi dans une guerre de religion, de croyance, de comportements de croisés. Du reste n'est-ce pas Yann Arthus Bertrand qui déclarait que la venue de Greta Thunberg est un miracle et que l'on pouvait la considérer comme une sainte tandis que la lutte contre le réchauffement climatique serait une religion. Le 4 décembre 2019 sur *France Inter, Le Grand Entretien* : « *Et c'est vrai que j'étais à New-York il y a quelque temps, je lisais un truc sur Greta (…) qui est pour moi comme une sainte si l'écologie c'était une espèce de religion, de foi (…). Ce que réussit à faire cette fille à seize ans, à mobiliser ces millions de personnes, c'est jamais arrivé, quoi ! C'est LA personne qui aujourd'hui nous fait tous réfléchir. Et surtout, elle a ce côté complètement radical qu'on devrait tous avoir.* » Sans doute Yann Arthus Bertrand est-il un bon photographe, mais il est surtout un champion du marketing (et il sait suffisamment bien y faire car sa fortune n'est pas mince, certes ne partant pas de zéro non plus) et qu'il a su très habillement faire un virage subtil afin de transformer son activité lucrative et polluante en combat pour le sauvetage du climat. Il est le comble des tartuffes.

Pourquoi parler de tartuffes ? Le tartuffe a une posture hypocrite, est le vile laquais servile de la supposée bonne opinion. Il ne tient pas compte des faits et n'a aucun courage. Il est le bouchon emporté par le fleuve. Ces tartuffes applaudissent un discours moralisateur, punisseur et faux. Il est faux car beaucoup a été fait. Il est faux car ce qui a été fait a eu des effets positifs. Il est faux car on ne peut écrire les scientifiques quand ce n'est qu'un organise constitué de représentants d'états, de scientifiques mais aussi d'associations, que ce ne sont pas tous les scientifiques, et que le consensus n'existe pas. C'est faux car les théories du GIEC concernant la responsabilité anthropique par le CO_2 du réchauffement climatique est une hypothèse et que les modélisations de ce réchauffement n'ont pas été vérifiées dans les faits. Ce sont des tartuffes car ils refusent de voir de très nombreux aspects qui sont occultés pour ne que laisser prospérer finalement du désespoir, de la colère, et de la destruction alors qu'un autre discours, tenant compte de toutes les réalités, et de l'encouragèrent plutôt que de la punition aurait sans aucun doute un effet bien plus généralement mobilisateur et avec des yeux plus ouverts permettrait de trouver bien plus de solutions. A cause d'eux l'Allemagne détruit la nature par ses centrales au charbon.

Les théories du GIEC, alors que le GIEC lui-même émet quelques réserves, sont présentées comme sûres et certaines et sont « catastrophistes ». On peut leur reprocher cet état d'esprit qui dresse contre eux une partie des scientifiques et de la population et crée une guerre entretenue par leur arrogance sans fin malgré des preuves que ce qu'ils disent n'est pas certain. On peut regretter par exemple que tous les effets positifs tant du dégagement de CO_2 (la biomasse n'a cessé d'augmenter, le CO_2 n'est pas seulement le déchet de la respiration c'est aussi le carburant de la croissance de la biomasse, et le CO_2 augmente le rendement des cultures avec deux effets bénéfiques : besoin de moins de surfaces et de moins d'engrais pour la même production), que la ré-appropriation au nord de terres devenues cultivables devient un bienfait, qu'il y a eu des temps chauds (au moyen-âge) où la vie existait, que la nature sait s'adapter et l'homme aussi. Quelques exemples. Prenons le corail. Il y a 20 ans il était annoncé comme bientôt mort partout dans le monde. Ce n'est pas le cas. Par exemple le corail-doigt (Montipora Capitata) passe de « cultivateur » à « chasseur » pour se nourrir, c'est la tactique inédite qu'il utilise pour survivre au blanchiment. L'équipe de la biologiste américaine Andrea Grottoli a réalisé cette découverte en étudiant la réaction de coraux à une élévation de température de 27 à 30° C. Normalement, une poussée de chaleur incite les zooxanthelles, algues microscopiques qui vivent en symbiose à l'intérieur du corail et lui fournissent sa nourriture, à déserter leur hôte, ce qui cause le blanchiment et parfois la mort du corail. Mais à la surprise des chercheurs, les rameaux blanchis de Montipora Capitata, espèce bâtisseuse capitale pour la survie des récifs, sont parvenus à récupérer en palliant l'absence de leur algue nourricière par la capture d'animalcules microscopiques. La découverte laisse espérer qu'une partie des coraux pourra résister à l'élévation redoutée des températures marines. Ils sont blanchis mais pas morts.

Voici une autre étude de 2011 : La Grande barrière de corail pourrait mieux réagir que prévu au réchauffement de l'océan. C'est la conclusion surprenante de chercheurs australiens de l'Australian Institute of Marine Science (Townsville) qui révèlent que de nombreux coraux contiennent une algue microscopique capable de les protéger des variations de températures. La découverte pourrait expliquer, selon le Dr Madeleine van Oppen, comment le corail a pu survivre aux différents changements climatiques qu'a connus la Terre au cours des derniers millénaires. L'étude contredit les travaux de nombreux experts qui annoncent la mort des récifs coralliens à plus ou moins long terme.

Les chercheurs australiens s'appuient sur des analyses ADN pour démontrer que de nombreux coraux stockent plusieurs espèces d'algues microscopiques. Celles-ci se développeraient rapidement avec la chaleur et pourraient ainsi fournir l'énergie nécessaire au corail pour survivre à des températures plus élevées.

Le corail est une des espèces les plus vieilles au monde (500 millions d'années). Comment a-t-il pu résister aux diverses périodes chaudes (25° contre 15° aujourd'hui) ou les périodes de glaciation ? En 1997 on annonçait aussi que 30 % des coraux allaient disparaître. Mais quelles en étaient les causes ? Celles-ci (https://www.lesoir.be/art/ces-recifs-en-danger-les-recifs-de-corail-ne-servent-pa_t-19970607-Z0DUF7.html) : *Le tiers des récifs serait donc menacé dans les deux prochaines décennies. Certains événements naturels sont à mettre en cause (tempêtes, maladies, modifications du niveau de la mer, etc.), mais ces destructions sont généralement locales et de courte durée. Mais, quand l'homme s'en mêle...*

La pêche incontrôlée, en particulier la surpêche de certaines perches des récifs, est par exemple à l'origine de nombreux dégâts sur la côté kényanne : le comportement de plusieurs espèces d'oursins s'est progressivement modifié en raison des atteintes portées aux poissons migrateurs. Ne pouvant plus dépenser leur énergie contre ces prédateurs traditionnels, les oursins se sont battus pour la nourriture. Au sein d'une espèce mais aussi entre les différents types d'oursins. L'espèce dominante en matière de compétition a finalement donc colonisé tout le domaine, explique-t-on à la VUB.

D'autres comportements sont encore pointés du doigt par les scientifiques : pêche à la dynamite, utilisation des coraux en guise de matériaux de construction, collection d'organismes de récifs, commerce d'oursins, ancrage de bateaux, etc. Mais il n'est pas toujours aisé, dans certaines régions comptant parmi les plus pauvres, d'éviter de déverser les eaux usées dans le récif. Ce qui favorise la croissance des algues au point de tuer les coraux...

30 % et pas de réchauffement climatique. Ceci pour dire que tout n'est pas aussi simpliste que Greta Thunberg et les tartuffes nous veulent nous le faire croire. Voici un autre exemple intéressant qui paraît très farfelu mais qui est facile à mettre en œuvre, efficace et naturel. Il y a, en quelque sorte, une étude concernant les baleines et la captation du CO_2. Le FMI, à la suite d'études, veut valoriser les baleines à, par individu, 2 millions de dollars pour ses bienfaits en matière de captation de O_2. Elle intervient de deux manières : par ses matières fécales, légères, et bienfaisantes (riches en azote, phosphore et fer) car elles nourrissent le phytoplancton qui capte 40 % des émissions de CO_2 ce qui est extraordinairement important, l'équivalent de 4 forêts amazonienne (ce qui veut dire que la forêt amazonienne ne représente que moins de 5 % car il y a beaucoup d'autres forêts et n'est pas le poumon de la terre - ce qui ne veut pas

dire que c'est un permis de la faire disparaître, mais qui montre comment les discours faux peuvent tromper la population). Cela valorise l'ensemble des baleines à 1 000 milliards de dollars. Faire une valorisation a un objectif écologique en démontrant leur intérêt. Une baleine capte 33 tonnes de C02. Ensuite il y a deux autres effets. Lorsque la baleine meurt elle s'enfonce dans les océans et emporte avec elle son CO2 et les carcasses servent aussi à un biotope de dizaines voir de centaines d'espèces autour desquelles elles se développent.

Le terme de biotope m'amène à parler de cette fameuse biodiversité. C'est une grande tarte à la crème de la biodiversité. La première erreur, fondamentale, est de considérer d'une part que la biodiversité est statique et d'autre part que c'est par définition le bien absolu. Depuis la création de la terre les espèces apparaissent et disparaissent. C'est un élément structurant de la nature. Prenons l'exemples des dinosaures. Existent-ils toujours ? Prenons celui de la forêt amazonienne, qui démontre toute la contradiction de ce terrorisme de la biodiversité. C'est une forêt jeune. Avant, il n'y en n'avait pas. Qui va déterminer la date fixée pour l'éternité à partir de laquelle on ne doit rien changer. Celle de l'apogée de la forêt amazonienne ? Et si moi je considère le point de référence est lorsqu'il y avait la Pangée, avant le mouvement de séparation des plaques tectoniques ? En quoi *ces écologistes-là* seraient plus en droit que moi de décider la date idéale à partir de laquelle tout est figé ? Et que veut dire la préservation des espèces ? Voulez-vous préserver les moustiques qui propagent la malaria ? Voulez-vous préserver le bacille de Koch, le virus du Sida, le coronavirus ? Voulez-vous préserver la vie des charançons ? Des puces, des tiques ? Qui détermine que la préservation de toutes les espèces est une richesse ? Doit-on, grâce aux ADN récupérés refaire revenir les espèces disparues avant même la moindre de l'intervention de l'homme ? Et quand on conserve toutes les espèces qui détermine l'équilibre ? Cette belle légende que la nature est de part elle-même équilibrée !

Essayer de planter côte à côte des espèces végétales et vous verrez qu'il y en a qui bouffent tout sur leur passage. Et la nature que l'on glorifie comme symbiotique dans certains cas, ce n'est qu'en réalité un rapport de dépense et de soumission. L'espèce la plus faible, pour survivre apporte quelque chose à la plus forte sinon elle crève. Mais comme c'est la nature on utilise le beau terme de symbiotique. Que c'est beau. Mais que c'est faux. A l'inverse il y a tous les parasites qui rendent invivables la vie des animaux ou des plantes. Le mildiou le bienfait de la vigne ! Quelle est l'utilité d'un taon qui pique le cuir d'une vache ? Quel est son apport à la vache ? A la nature ? A l'équilibre ? Le rôle essentiel d'un parasite n'est d'apporter aucun bien au monde, à l'humanité, à la nature mais de profiter d'un hôte pour simplement se développer. Un cercle vicieux sans plus-value pour personne : il pond un œuf qui se nourrit sur la bête (et peut lui causer quelque dégât) puis l'œuf donne un autre parasite qui va devenir adulte qui va pondre et ce de façon infinie. Que c'est beau ! Que c'est utile ! Les hommes seraient donc les seuls à modifier la nature Et les termites que font-ils ? Et les castors ? Et les fourmis rouges d'Amazonie qui dévastent tout sur leur passage ? Et parlons un peu de ces criquets pèlerins qui, eux aussi, dévastent tout sur leur passage sans aucune considération pour les autres espèces car la nature n'a aucune conscience. Insectes stupides, voraces, destructeurs. Ah oui j'oubliais. L'invasion des criquets en début 2020 de la corne de l'Afrique, en fait, ils ne sont pas responsables. C'est le réchauffement climatique. C'est l'homme. A cause de l'homme toutes les plaines de la corne de l'Afrique voit être dévastées et les éléphants, les gazelles (oui c'est poétique), les zèbres, tous les ruminants qui ne trouveront plus rien pour se nourrir, ce sera la faute de cet homme destructeur. Tiens, si, je vous donnais un petit passage de la Bible. Hein ? Cela vous dirait ? L'Exode 4, 5, 6,13, 14,15

Si tu refuses de laisser aller mon peuple, voici, je ferai venir demain des sauterelles dans toute l'étendue de ton pays.

Elles couvriront la surface de la terre, et l'on ne pourra plus voir la terre ; elles dévoreront le reste de ce qui est échappé, ce que vous a laissé la grêle, elles dévoreront tous les arbres qui croissent dans vos champs ;

Moïse étendit sa verge sur le pays d'Égypte ; et l'Éternel fit souffler un vent d'orient sur le pays toute cette journée et toute la nuit. Quand ce fut le matin, le vent d'orient avait apporté les sauterelles.

Les sauterelles montèrent sur le pays d'Égypte, et se posèrent dans toute l'étendue de l'Égypte ; elles étaient en si grande quantité qu'il n'y avait jamais eu et qu'il n'y aura jamais rien de semblable.

Elles rempliront tes maisons, les maisons de tous tes serviteurs et les maisons de tous les Égyptiens. Tes pères et les pères de tes pères n'auront rien vu de pareil depuis qu'ils existent sur la terre jusqu'à ce jour. Moïse se retira, et sortit de chez Pharaon.

Elles couvrirent la surface de toute la terre, et la terre fut dans l'obscurité ; elles dévorèrent toute l'herbe de la terre et tout le fruit des arbres, tout ce que la grêle avait laissé ; et il ne resta aucune verdure aux arbres ni à l'herbe des champs, dans tout le pays d'Égypte.

Remarquez c'est encore la faute d'un homme Moïse. Bon il a demandé un coup de pouce à Yahvé. Et quand était-ce ? A l'époque industrielle ? Et quelle surface était-elle touchée ? Toute l'Égypte ! Ça ne vous dit rien, ça. Où en était le réchauffement climatique à l'époque de Moïse ? Sans doute ont voit un indice dans le déluge. On nous affirme donc que ces abominables criquets sont une création du réchauffement climatique. Oh ce n'est pas ce qui est dit. Ce qui est dit c'est que cela fait des décennies que ce n'était pas arrivé et que c'est l'ampleur dont est responsable le réchauffement climatique. Quant à l'ampleur je vous demande de vous reporter au texte biblique plus haut.

Pour en revenir à Greta Thunberg un bug de Facebook a permis de découvrir que ce n'était pas elle qui administrait son compte mais son père. Ce n'est sans doute pas son manque de connaissance d'Internet ou de sa capacité à communiquer qui sont en cause. Voici un extrait d'un article (à décharge) de *France TV Info* (https://www.francetvinfo.fr/monde/environnement/greta-thunberg/un-bug-de-facebook-a-t-il-revele-que-le-pere-de-greta-thunberg-ecrivait-a-la-place-de-sa-fille_3795419.html) :

Des captures d'écran ont alors rapidement circulé sur les réseaux sociaux. Il apparaît que les messages publiés sur la page officielle de Greta Thunberg sont postés depuis le compte du père de l'adolescente, Svante Thunberg, mais aussi depuis celui d'un militant écologiste indien, Adarsh Prathap. Les deux hommes sont donc soupçonnés d'être les véritables auteurs des publications attribuées à l'adolescente.

[...]

Samedi 11 janvier, Greta Thunberg a publié un démenti sur sa page Facebook. "Tous les textes publiés sur ma page Facebook ont bien sûr été écrits par moi, comme tout le reste", assure-t-elle. La jeune fille explique aussi pourquoi le compte Facebook de son père se retrouve associé à sa page officielle : "Comme j'ai choisi de ne pas être sur Facebook personnellement (j'ai essayé très tôt mais j'ai décidé que ce n'était pas pour moi), j'utilise le compte de mon père Svante pour republier du contenu, car vous avez besoin d'un compte pour modérer une page Facebook."
Greta Thunberg fournit également une explication pour cet étrange lien avec le militant écologiste indien : "Le reste de ce qui est partagé sur Facebook est republié sur Twitter et Instagram par le gars qui a fondé la page Facebook de Greta Thunberg bien avant que je sache qu'elle existait. Son nom est Adarsh Prathap et il vit en Inde. Comme beaucoup de gens pensaient que c'était ma page officielle au début, j'ai demandé si je pouvais la cogérer et il a dit oui. »

Certes elle en donne des raisons, mais ses explications sont un peu vaseuses. Surtout concernant l'écologiste indien. Laisseriez-vous un inconnu administrer votre page Facebook (sous condition que vous en ayez une) ? Et pourquoi son père laisse-t-il un inconnu la cogérer avec lui ? Et demanderiez-vous l'accord à celui qui a créé une page à votre nom (sans que vous ayez été averti par lui et sans votre autorisation) pour que vous l'assistiez ? Et si cette page a été créée avant que Greta Thunberg n'y collabore c'est donc que les textes qui y étaient écrits n'étaient pas les siens. Ce qui pose un vrai problème car cela contredit ses affirmations et c'est qu'il y a peu de temps Greta Thunber a déposé la marque de son nom et la marque Friday for Future (« J'ai demandé à déposer comme marque mon nom, Fridays for Future, Skolstrejk för klimatet ("grève de l'école pour le climat" en suédois, NDLR) ») car : « Mon nom et le mouvement #FridaysForFuture sont constamment utilisés à des fins commerciales sans aucun accord ». Elle a créé une fondation afin de gérer les droits d'auteur, les prix, les dons de façon transparente au profit de l'écologie et du bien-être. Cela soulève deux problèmes : le premier est tout à la fois d'ordre philosophique car le dépôt d'une marque est un acte capitalistique, d'appropriation (et d'autant plus que ce sont des termes génériques), à but initial économique, et pratiques : comment cette idée de dépôt de marque lui est-elle venue, comment a-t-elle fait pour déposer ces marques ce qui implique des conseils et des fonds ? Le second est que cela est en totale contradiction avec ses explications pour sas page administrée par un inconnu quand bien même fut-il écologiste.

Dans ce même article on apprend aussi ceci : « *Comme je sais que ce que je dis va toucher de nombreuses personnes, je demande souvent l'avis de quelqu'un. J'ai aussi quelques scientifiques auxquels je demande fréquemment de l'aide pour exprimer certaines questions complexes.* » *Car, explique-t-elle,* « *je veux que tout soit absolument correct afin de ne pas propager des faits incorrects ou des choses qui peuvent être mal comprises* ».

Ne serait-ce pas un discours de justification et de création de légendes ? Une des légendes serait, finalement, que Greta Thunberg est une scientifique de haut niveau. Avez-vous entendu ou lu dans ses déclarations un seul raisonnement complexe ? Peut-être y en a-t-il, ce qui est sûr c'est que je n'ai lu ou entendu, moi, que des slogans simplistes et des affirmations : *il y a urgence, vous ne faites rien, écoutez les scientifiques, vous avez détruit notre avenir, vous serez condamnés car on ne vous le pardonnera pas.* Rien d'autre. Où sont les aspects complexes de ses discours ?

Contrairement à ceux qui affirment qu'Internet n'est en rien nouveau par rapport au passé et aux ragots, à la diffusion de l'information ne doivent pas vivre dans le même monde que nous qui avons simplement remarqué que jamais dans le passé si vite et si fort, sans Internet amplifié et nourri par les media qui jette des fournées de charbons dans la chaudière des Twitter et autre Youtube comme une sorte de réaction en chaîne qui ensuite s'auto-alimente et enfle de façon astronomique, on pouvait donner tant d'importance à une personne et à ses déclarations. Jamais. Quand vous voyez que certaines vidéos dépassent le milliard de vues, il est absolument aberrant de dire qu'Internet ne change pas grand chose au passé, aux comportements du passé. Le mouvement des gilets jaunes qui a donné un score inférieur au 1 % aux élections européennes qui a représenté moins de 0,6 des électeurs inscrits dans la rue a eu un impact économique et politique sans strictement aucun rapport avec son existence réelle et factuelle. Il y a eu un décalage astronomique entre les sondages (biaisés car associant soutien et sympathie : vous pouvez avoir de la sympathie pour quelqu'un mais ne pas le soutenir) et ce que la rue voyait défiler. Il y a eu une asymétrie totale d'information entre les violences des Gilets jaunes et celles de la police les premières étant justifiées et extraordinairement minimisées quand les secondes étaient sorties toutes du contexte et jamais justifiées (toute violence policière sans aucune justification comme se dégager d'une situation périlleuse, protéger des biens et des personnes, étant - sans strictement aucun doute - à condamner). Internet permet quasi instantanément et dans le monde entier de faire circuler une information. Internet permet une croissance non modérée des complotistes. Internet permet d'amplifier les peurs et les haines. Internet et les media se font la courte échelle, un peu comme Cyrano de Bergerac voulant atteindre la lune montait sur une chaise qu'il retirait de sous lui pour monter encore. Ce que je veux dire c'est qu'Internet et les media font d'un peu de savon et d'eau de gigantesque bulle où ce n'est que l'air dedans. Cet emballement est amplifié par les tartuffes qui s'engouffrent dans la faille de la raison que crée l'émotion et l'hydre media-Internet et permettent par leur poids politico-médiatique que Great Thunberg (par exemple) soit nommée personnalité de l'année 2019 par *Time*. Si on peut considérer qu'effectivement par le tonnerre médiatique qu'elle représente cette place est méritée, mais si on regarde les faits alors qu'elle ne réunit que quelques milliers de personnes à New York sur une population locale de près de 20 millions d'habitants, quand à Hong Kong les manifestations ont représenté un septième de la population comme si en France les Gilets jaunes avaient réunis 10 millions de personnes alors ce n'est pas mérité et ce titre, ses réceptions à l'ONU, Davos, l'Assemblée Nationale en France, le fait subtil mais très important de « starisation » qui fait que partout où elle n'est pas seule (à l'ONU, Davos) la presse se focalise sur elle délaissant injustement d'autres personés qui en font autant qu'elle, ne proviennent que de l'impact d'Internet et de l'approbation sans conditions des tartuffes, des idiots utiles et des idéologues.

Il faut se poser la question de savoir si les discours de Gela Thunberg sont au final positif ou non pour son combat et positif pour l'avenir de l'humanité puisqu'elle est présentée comme celle qui va la sauver. Pour le premier point un discours simpliste est efficace. Un discours « catastrophiste » est efficace. La colère, l'indignation sont efficaces. Oui mais auprès de qui. Elle ne va convaincre que les convaincus, les indignés perpétuels, ceux qui ont l'indignation éruptive et sélective (tous ceux qui se croient être lanceurs d'alerte, ou faire partie de leur communauté, ou des chevaliers blancs souvent protégés par leur anonymat). Tous les modérés, les indécis, ceux qui ont besoin d'encouragement et non de punition, seront rebutés. Par ce discours colérique elle engage une partie de la communauté mondiale par réaction épidermique à tout rejeter et à se dresser sur ses ergots et à retourner de la violence à sa propre violence. En ce qui concerne l'humanité, on a vu que ses ancêtres anti-nucléaires brutaux ou *ces écologistes-là* ont fait des dégâts considérables en bloquant le nucléaire, sa progression et en imposant des énergies peu rentables, à coût élevés, intermittentes nécessitant obligatoirement des compensations qui ne peuvent qu'être polluantes. La préservation de la nature est dans la majorité des cas un bon combat. La lutte contre la pollution est un combat nécessaire. Alors il faut le faire. Les économies d'énergie, c'est parfait. Comme on l'a vu les théories du GIEC, au moins les algorithmes ne sont pas bons et les prévisions fausses, sont présentées comme certaines et simplistes alors que nombre de théories démontrent que c'est très complexe et non certain. Dire que c'est non certain ouvre la porte à que c'est, aussi, possible. Nous avons dix ans devant nous (sans rester inactif afin de valider (définitivement ?) ou invalider cette théorie du réchauffement anthropique par effet de serre dû au CO2. Certains annoncent un début de refroidissement pour 2030. Si c'est faux, on aura agi. Si c'est vrai que fera-t-on ? Gouverner c'est prévoir. Toute personne responsable se doit de prévoir que sa théorie peut être remise en cause (ici on n'est pas dans le cas simplissime de la pomme qui tombe de l'arbre sur sa tête). Que fait-on dans l'égoïsme des pays qui ont tout et donnent des leçons aux pays qui espèrent rattraper notre niveau de vie, notre confort technologique et quotidien ? Que faire ?

Que peut-on conclure de cette mise au pinacle de Grey Thunberg, de la forme et du contenu de son discours ? Elle s'est déclarée, à titre personnel, contre le nucléaire. Cette seule position est critiquable quand on sait que par exemple, une centrale au fuel dégage 400 fois plus de CO2 qu'une centrale nucléaire, que les centrales au charbon pollue, dégage du CO2, des micro particules, des radiations nucléaires, quelles aussi chauffent (c'est amusant que *ces écologistes-là* fustigent les centrales nucléaires car elles sont refroidies comme si les centrales au gaz, au charbon, au fuel ne chauffaient pas). Elle est critiquable à tous points de vue, dans la lutte contre les émissions de CO2, contre la pollution, contre le coût énergétique. Economiquement, énergétiquement partant réduire le nucléaire au lieu de l'augmenter est un non sens absolu. Il n' y a que deux possibilités pour s'opposer au nucléaire : soit une méconnaissance totale de ce que c'est, des risques, des avantages du nucléaire liée à une peur infondée et manipulée soit par pure idéologie. Donc Greta Thunberg s'oppose au nucléaire mais fustige le pouvoir de ne rien faire. Une position tout simplement intenable. Il n'y a aujourd'hui, mis à par l'hydraulique, aucune source d'énergie qui ait autant de qualités que le nucléaire pour lutter contre les émissions de CO2 : il est constant, n'émet que très peu de CO2, un rendement élevé, une durée de vie importante et le tout à moindre de coût. Ni l'éolien, ni le solaire ne le peuvent car les deux ont besoins de production d'énergie pour compenser sa production intermittente et aléatoire et les seules sources qui peuvent pallier ces déficiences sont le gaz, le charbon et fuel, trois sources polluantes.

Un autre aspect du discours de Greta Thunberg est de savoir s'il est lié ou non à une base politique ou scientifique. En ce qui concerne la science, celle du climat n'est en rien certaine, elle est complexe, les prévisions du GIEC ne se sont pas avérées, les bienfaits des émissions du CO2 et de l'augmentation de la température, réels sont occultés, le rapport avec le passé est mis sous le tapis, le consensus sur le schéma simpliste homme -> CO2 -> réchauffement climatique n'existe pas, ce qui existe c'est son affirmation mais non sa réalité. Voici une information réelle, peu diffusée, écrite (écrite car cela reste et que l'on ne peut dire que c'est lors d'un débat, une réponse à la légère, sous le coup de l'énervement etc.) qui vous permettra de vous faire une idée du combat (réel ? en parallèle ? d'origine ? final ?) de Greta Thunberg et si elle est manipulée, si on se sert d'elle, si elle en est pleinement consciente. Elle est des trois co-signataires d'une tribunes publiée fin 2019 sur le site de *project Syndicate* (c'est si libre que vous devez faire allégeance pour le lire en entier) où il est écrit ces phrases hallucinantes : *« Après tout la crise climatique ne regarde pas seulement l'environnement. C'est une crise des droits humains, de justice et de volonté politique. Les systèmes d'oppression coloniale, raciste et patriarcale l'ont créée et alimentée. Nous devons tous les démanteler. Nos responsables politiques ne peuvent plus se soustraire à leurs responsabilités »*. On y trouve la même colère mais surtout, ce qui fait froid dans le dos c'est la haine et l'accusation permanente d'une origine politique d'extrême gauche. On attendra vainement que Greta Thunberg aille donner des leçons devant le PCC ou à la Douma, devant le congrès indien, les trois pays le plus pollueurs non seulement en absolu, mais aussi en relatif (rapport pollution sur PIB) car aux normes écologiques extrêmement faibles au contraire des pays que Greta Thunberg accuse, fustige et insulte. Les énormes pollutions des pays comme l'ex URSS ou la Chine sont dues à des systèmes politiques communistes, marxistes et ces pays ont pollué et polluent infiniment plus que l'occident avec, eux, pourtant des régimes politiques que voudraient voir se répandre les co-signataires de cette tribune. Vous la trouverez ici (si vous vous décidez de faire allégeance pour la lire dans son entier) : https://www.project-syndicate.org/commentary/climate-strikes-un-conference-madrid-by-greta-thunberg-et-al-2019-11. Les autres signataires sont Luisa Neubauer (activiste allemande, proche des Verts et végétalienne) et Angela Valenzuela qui, elle, fait partie pour le Chili de *Fridays*

For Future a eu droit avec la première citée et Beth Irving à une tribune dans Libération commençait par cette phrase : « *Une nouvelle décennie a commencé, et les scientifiques nous informent que la précédente a connu les températures les plus élevées **de l'histoire.*** » Je vous laisse juge de sa véracité (en gras souligné par moi). Dans leur discours elles veulent supprimer les hydrocarbures (qui ne sont pas que des sources d'énergie mais aussi de fabrication), mais ne veulent plus de nucléaires mais des éoliennes et du solaire qui nécessitent, si en plus elles ne veulent plus de charbon, soit du gaz (qui sont des hydrocarbures) soit du fuel (qui est du pétrole raffiné). Il y a une totale incohérence dans leur discours.

Greta Thunberg a, en fin de compte, grâce (ou à cause de) à Internet et sa puissance invraisemblable de diffusion de l'information, de manipulation, au puissant lobby anti-nucléaire qui nous désinforme depuis 50 ans, grâce à la lâcheté des hommes politiques, à sa propre indignation colérique efficace, à un climat apocalyptique entretenu par des mouvances extrémistes ou « idéologisées », l'affirmation de vérités pourtant incertaines, la fustigation que d'une partie du monde, par la victimisation d'une jeunesse qui profite du monde actuel et qui n'est pas en voie d'extinction, par la négation des bienfaits réels qui devraient être mis aussi dans la balance, Great Thunberg, qu'elle soit manipulée ou non, par sa notoriété, son âge, son syndrome-même, qui lui donnent un impact considérable, ne réveille personne car personne ne dormait, ne donne pas un nouvel élan car des centaines de milliers de personnes avant elle, des élues, des associations, des entreprises, des gouvernants, des maires, des chercheurs, des individus ont agi sans attendre et ont eu des résultats. Elle tient le fouet mais non les solutions ni l'entraînement. Dans les dix ans qui viennent on verra ce qu'il en sera du réchauffement climatique, de ses causes, des prévisions. Mais avant cela tous ceux qui n'ont pas voulu tenir compte des autres aspects de ce réchauffement, tous ceux qui ont lutté contre le nucléaire, usé de la colère au lieu de l'enthousiasme, tous ceux qui ont voulu régler leur compte à notre monde actuel en en préférant un de derrière le rideau de fer, il faudra, comme le veut Greta Thunberg pour ceux qu'elle montre d'un doigt vengeur, aussi rendre des comptes et certains d'entre nous, alors n'oublierons pas comme elle et ses supporteurs disent qu'ils n'oublieront pas.